A ARTE CULINÁRIA DE
JULIA CHILD

Julia Child
com David Nussbaum

A ARTE CULINÁRIA DE
JULIA CHILD

técnicas e receitas essenciais de uma vida dedicada à cozinha

Tradução
Gabriela Erbetta

Título original: *Julia's Kitchen Wisdom*
Copyright © 2000 Julia Child
Copyright da edição brasileira © 2013 Editora Pensamento-Cultrix Ltda.

Publicado mediante acordo com Alfred A. Knopf, um selo da The Knopf Doubleday Group, uma divisão da Random House, Inc.

Foto da capa: Paul Child © Schlesinger Library, Radcliffe Institute, Harvard University

1ª edição 2013.

9ª reimpressão 2025.

Todos os direitos reservados. Nenhuma parte deste livro pode ser reproduzida ou usada de qualquer forma ou por qualquer meio, eletrônico ou mecânico, inclusive fotocópias, gravações ou sistema de armazenamento em banco de dados, sem permissão por escrito, exceto nos casos de trechos curtos citados em resenhas críticas ou artigos de revistas.

A Editora Seoman não se responsabiliza por eventuais mudanças ocorridas nos endereços convencionais ou eletrônicos citados neste livro.

Coordenação editorial: Manoel Lauand
Capa e projeto gráfico: Gabriela Guenther
Fotografias: Paul Child
Ilustrações (páginas 215 a 220): Sidonie Coryn
Editoração eletrônica: Estúdio Sambaqui

Dados Internacionais de Catalogação na Publicação (CIP)
(Câmara Brasileira do Livro, SP, Brasil)

Child, Julia
    A arte culinária de Julia Child : técnicas e receitas essenciais de uma vida dedicada à cozinha / Julia Child, com David Nussbaum ; tradução Gabriela Erbetta. -- São Paulo : Seoman, 2013.

    Título original: Julia's kitchen wisdom : essential techniques and recipes from a lifetime of cooking.
    ISBN 978-85-98903-57-6

    1. Culinária (Receitas) I. Nussbaum, David. II. Título.

13-03474   CDD-641.5

Índices para catálogo sistemático:
1. Receitas : Culinária : Economia doméstica

Seoman é um selo editorial da Pensamento-Cultrix.
Direitos de tradução para o Brasil adquiridos com exclusividade pela
EDITORA PENSAMENTO-CULTRIX LTDA.
R. Dr. Mário Vicente, 368 – 04270-000 – São Paulo, SP
Fone: (11) 2066-9000
E-mail: atendimento@editoraseoman.com.br
http://www.editoraseoman.com.br
que se reserva a propriedade literária desta tradução.
Foi feito o depósito legal.

SUMÁRIO

Agradecimentos 7

Introdução 11

Sopas e dois molhos básicos 14

Saladas e seus molhos 36

Legumes 54

Carnes, aves e peixes 80

Ovos 130

Pães, crepes e tortas 160

Bolos e biscoitos 188

Equipamento de cozinha e glossário 214

Índice 227

AGRADECIMENTOS

Este livro representa cerca de quarenta anos de felizes colaborações culinárias com colegas e amigos. A ideia de escrevê-lo surgiu quando decidimos filmar um especial para a televisão com trechos de meus programas antigos, começando com o primeiro deles, "Boeuf Bourguignon" – aquele famoso cozido francês –, que foi ao ar no dia 11 de fevereiro de 1963 na emissora "educativa" de Boston, WGBH. Você não pode ter um programa culinário de TV sem um livro para acompanhá-lo – daí surgiu este volume. É com enorme gratidão que eu agradeço os seguintes anjos, que tornaram tudo possível.

Minha gratidão contínua vai para Judith Jones, que é minha editora desde o começo de minha vida nos livros culinários. É dela a concepção deste livro, e foi ela que, cuidadosamente, leu cada sugestão, cada capítulo e parágrafo – e, até mesmo, cada frase. Seus comentários e sugestões são de ouro, e seus conselhos são um tesouro. Minha admiração por Judith como editora e minha afeição por Judith como pessoa não têm limite.

David Nussbaum, meu colaborador, realizou um trabalho magnífico de pesquisar e peneirar o material de todos os meus programas e livros. Ele fez testes e comparações, apontou resumos e sugestões, e sempre me apresentou um material detalhado, pronto para ser trabalhado. Este livro, certamente, não poderia ter sido feito, se não fosse por David.

Um agradecimento especial para Geoffrey Drummond, produtor do especial de duas horas da PBS, *Julia's Kitchen Wisdom*, que deu origem a este livro. Geof e seu editor, Herb Sevush, assistiram quilômetros de fitas antigas para escolher apenas os episódios certos para o programa, e, então, editaram tudo em algo novo e vibrante. A empresa de Geof, A La Carte Communications, com Nat Katzman, também produziu meus quatro últimos programas: *Cooking with Master Chefs*, *In Julia's Kitchen with Master Chefs*, *Baking with Julia* e *Jacques and Julia Cooking at Home*; assim como dois *Cooking in Concert*, um *show* especial da PBS, com Jacques Pépin. Sempre tivemos bons momentos trabalhando juntos, e minha admiração e afeição por Geof são infinitas.

Agradecimentos entusiasmados e contínuos para a Public Television, por ter tornado possível a minha carreira. Eu, simplesmente, não teria existido sem eles, e agradeço demais o suporte e a liberdade que a PBS dá a seus contratados. Como temos sorte por eles existirem!

Agradecimentos sinceros a todos que me ajudaram através dos anos e cujo trabalho significou tanto para o sucesso de nosso programa de TV, assim como para as receitas deste livro: William A. Truslow, meu advogado e amigo fiel; Russell Morash, meu primeiro produtor, que começou conosco no *The French Chef* e nos acompanhou durante a série *Julia Child & Company*; Marian Morash, autora de *The Victory Garden Cookbook* e nossa primeira *chef* executiva; Ruthie Lockwood, que já produziu *The French Chef*, diretora única e amiga valiosa; Rosemary Manell, talentosa produtora de fotografias culinárias e de TV, e desenvolvedora de receitas para muitos dos programas e livros; a maravilhosamente talentosa Sarah Moulton, algumas vezes *chef* executiva de nossa série *Company*. Stephanie Hersh, minha assistente e amiga de tanto tempo, sem a qual meu escritório seria uma bagunça e minha vida, maçante e desorganizada.

Um projeto desta magnitude não poderia acontecer sem o apoio de patrocinadores generosos, e isso é particularmente verdadeiro em relação à televisão pública. Tenho orgulho de termos nos associado à vinícola Robert Mondavi, cujo espírito pioneiro e generoso tornou os vinhos californianos conhecidos no mundo todo. Fico encantada, também, porque minha manteiga preferida, Land O' Lakes Butter, está conosco novamente – usamos inacreditáveis 260 kg dela na série *Baking with Julia*. E muito dessa boa manteiga encontra seu lugar nas travessas e panelas da All-Clad Metalcrafters, nosso último patrocinador. Agradecimentos de coração a vocês três.

Toujours bon appétit!

INTRODUÇÃO

Acontece tanto de você estar no meio de uma receita e simplesmente não conseguir se lembrar se um pernil de cordeiro precisa assar no forno a 160°C ou a 175°C. Ou esqueceu o que deve fazer para desenformar um rocambole, ou qual é o método que rapidamente recupera um molho holandês que desandou. Este livro pretende dar respostas rápidas, num estalo, para muitas dessas questões.

Não vai, de jeito nenhum, dar todas as respostas, e não passa perto de assuntos como massa folhada francesa, para a qual você precisaria de páginas repletas de instruções e diversas fotografias. Em outras palavras, ele não pretende tomar o lugar de um livro grande, detalhado e completo, como os meus *The Way to Cook* ou *Mastering the Art of French Cooking*, volumes I e II. Mas é de grande ajuda na cozinha doméstica, em geral, e está direcionado a quem tem alguma familiaridade com a linguagem culinária; pessoas cujas cozinhas estão normalmente bem equipadas com utensílios como assadeiras baixas, um processador de alimentos, um rolo de massas decente; e que conhecem o ambiente em torno do fogão, razoavelmente bem.

Começou como um bloco de anotações, um guia de referências gradualmente compilado por minhas próprias experiências, soluções e erros – corrigidos através dos anos de minha vida de cozinheira. Agora que se transformaram em livro, as informações estão organizadas de acordo com grandes categorias, como sopas, ovos, pão e assim por diante, com ênfase na técnica. Recheados com cogumelos para um prato principal ou com morangos para a sobremesa, todos os pratos com crepes são feitos quase sempre da mesma maneira, então estão todos juntos em um capítulo. O mesmo acontece com suflês, tortas, carnes e o restante do cardápio. Na seção de assados, por exemplo, a receita básica, embora breve, detalha a técnica para trabalhar com um pedaço grande de carne. A receita básica é para carne assada, seguida por ainda mais breves variações para outros assados como perna de cordeiro, frango, peru, presunto fresco e até um grande peixe inteiro. Todos são preparados essencialmente do mesmo jeito, embora alguns detalhes pequenos mudem. O mesmo acontece com suflês e tortas; legumes verdes são agrupados em duas tabelas convenientes, de acordo com o método. Quando você tiver dominado uma técnica, quase nunca vai ter de olhar de novo a receita.

Se você assistiu o especial de TV na PBS que serviu de inspiração para este livro, vai notar que as receitas demonstradas ali foram incluídas aqui, mas que os métodos ou ingredientes nem sempre são os mesmos que apareceram na tela. Muitas das receitas foram concebidas anos atrás. Pegue como exemplo o molho de alho para purê de batatas. Era um bom sistema para sua época, mas muito complicado. Aqui está um muito mais simples e igualmente bom, senão ainda melhor.

Um índice profissional e completo é essencial para este tipo de livro. Quando você tiver uma questão, procure pelo assunto, como "Chocolate: como derreter", ou "Maionese: como recuperar", ou "Linguado Meunière", ou "frigideiras", e assim por diante.

Meus papéis de anotações deram conta do recado, e espero que esta versão em livro confira a você, também, assim como foi comigo, muitos dos ensinamentos essenciais necessários para um aprendizado breve e para a solução de problemas.

Julia Child

Cambridge, Massachusetts

SOPAS E DOIS MOLHOS BÁSICOS

*"Quando você tiver dominado uma técnica,
quase nunca vai ter que olhar de novo a receita."*

Sopas caseiras enchem a cozinha de um ar acolhedor e podem ser tão completas, naturais e frescas que conseguem resolver aquela dúvida irritante do "que servir como entrada".

SOPAS FUNDAMENTAIS

Estas são as sopas básicas, menos complicadas e, frequentemente, as mais apreciadas.

R̃eceita básica

Sopa de batata e alho-poró
Rende cerca de 2 litros, 6 porções

3 xícaras de alho-poró fatiado (somente a parte branca e a verde mais tenra; veja quadro)

3 xícaras de batatas, descascadas e grosseiramente picadas

6 xícaras de água

1 ½ colher (chá) de sal

½ xícara de creme azedo (veja quadro, página 25), opcional

Numa panela com capacidade para 3 litros, esquente todos os ingredientes até ferver. Tampe parcialmente e cozinhe por 20 a 30 minutos, até que os legumes estejam macios. Ajuste o tempero.
Sirva dessa maneira ou bata no liquidificador (veja quadro, página 17) e/ou acrescente uma colherada de creme azedo a cada porção.

Variações

Sopa de cebola e batata. Substitua o alho-poró por cebolas, ou use uma combinação dos dois.

Sopa creme de batata e alho-poró. Siga a receita original. Quando os legumes estiverem cozidos, bata no liquidificador (veja quadro, página 17) e misture ½ xícara de creme de leite. Reaqueça até que a sopa comece a borbulhar; sirva.

Sopa de agrião. Junte um punhado de agrião lavado (folhas e talos), à sopa básica, nos últimos 5 minutos de cozimento. Bata no liquidificador. Decore com folhinhas frescas de agrião.

Sopas frias, como *vichyssoise*. Bata qualquer receita acima no liquidificador, junte ½ xícara de creme de leite e leve para gelar. Ajuste o tempero antes de servir; acrescente o creme de leite gelado, se quiser. Decore cada tigela com cebolinha ou salsinha picadas (ou com folhinhas frescas de agrião).

Sopa do dia. Significa acrescentar qualquer outro legume ou verdura que você tiver à mão, como couve-flor, brócolis, ervilhas, espinafre, crus ou cozidos. É assim que você pode pôr em prática algumas de suas maravilhosas ideias e "receitas secretas".

COMO PREPARAR ALHO-PORÓ.

Corte a ponta da raiz, mantendo as folhas. Corte o topo do alho-poró para obter um talo de 15 a 18 cm. Começando a cerca de 1 cm da raiz, e ainda mantendo as folhas, fatie o alho-poró ao meio, no sentido do comprimento, e depois em quartos. Lave em água fria corrente, separando bem as folhas para tirar toda a sujeira. Alhos-porós podem ser assados inteiros (página 70) ou podem ser fatiados, para serem usados em sopas. Para obter alho-poró à juliana, corte em pedaços de 5 cm, achate as folhas e então fatie em tirinhas, no sentido do comprimento.

> **SOPA BATIDA**
>
> Para usar o *mixer*, posicione o aparelho em pé, no centro da panela; ligue e mova em círculos, sempre mantendo a máquina imersa no líquido. Para usar o processador, coe a sopa e coloque os sólidos no aparelho; acrescente um pouco do caldo, bata e junte o restante do líquido aos poucos. Para usar o passa verduras, coe a sopa e processe os sólidos aos poucos, girando a manivela enquanto acrescenta pequenas porções do líquido.

CALDOS

Caldo leve de frango

Leve para ferver – com a água cobrindo todos os ingredientes – ossos de frango, aparas, moela e pescoço (mas não o fígado), crus ou cozidos. Deixe ferver e retire, por alguns minutos, toda a espuma que subir à superfície. Salgue ligeiramente. Tampe parcialmente e ferva o caldo por 1 a 1 ½ hora, acrescentando água se for preciso. Você também pode incluir cebolas, cenouras e salsão (½ xícara para cada 2 kg de ossos) picados, além de um buquê de ervas (veja quadro, página 115). Coe o caldo e retire o excesso de gordura. Para fazer um caldo mais forte, ferva por mais tempo, para que o sabor fique concentrado. Quando estiver frio, cubra e leve à geladeira, por vários dias, ou congele.

VARIAÇÕES

Caldo de peru, vitela ou porco. Proceda como a receita para o caldo de frango, acima.

Caldo de presunto. Para 2 quilos de ossos e aparas de presunto, adicione 1 xícara (cada) de cenoura, cebola e salsão picados, e um buquê de ervas (veja quadro, página 115) formado por 3 folhas de louro, 1 colher (chá) de tomilho e 5 cravos-da-índia. Proceda como na receita para o caldo de frango, mas cozinhe por cerca de 3 horas.

Caldo dourado de frango, peru ou pato. Pique os ossos e aparas em pedaços com cerca de 1 cm e doure em óleo quente, numa frigideira; para cada 2 quilos de ave, adicione ½ xícara (cada) de cenoura, cebola e salsão picados. Quando tudo estiver bem dourado, transfira para uma panela de fundo pesado. Retire a gordura da frigideira, acrescente 1 xícara de vinho branco seco e mexa, raspando o fundo; transfira para a panela e junte caldo de frango ou água suficiente para cobrir todos os ingredientes. Adicione um buquê de ervas (veja quadro, página 115), salgue levemente e tampe parcialmente. Ferva, coe e retire o excesso de gordura como na receita para caldo de frango leve, acima.

Caldo básico de carne

Numa assadeira, disponha uma porção de ossos bovinos ainda carnudos, crus ou cozidos, de cortes como músculo, pescoço, rabo e patinho; para cada 2 ou 3 quilos de ossos, junte ½ xícara (cada) de cebola, salsão e cenoura grosseiramente picados. Pincele levemente com óleo vegetal e doure por 30 a 40 minutos no forno a 230°C, virando a carne, frequentemente, e pincelando novamente com o óleo ou com a gordura que se desprender. Transfira os ossos e os legumes para uma panela. Retire a gordura da assadeira e leve ao fogo para deglaçar, com 2 xícaras de água, raspando o fundo da assadeira enquanto o líquido ferve. Transfira para a panela e junte água suficiente para cobrir todos os ingredientes – cerca de 5 cm. Para cada 2 ou 3 quilos de ossos, acrescente mais ½ xícara (cada) de cebola, salsão e cenoura, 1 tomate fresco, picado, 2 dentes de alho com casca, amassados, e um buquê de ervas médio (veja quadro, página 115). Deixe ferver e retire, por alguns minutos, toda a espuma que subir à superfície. Continue como na receita anterior para caldo de frango, mas cozinhe por 2 a 3 horas.

Variação

Caldo escuro de vitela, porco ou cordeiro. Proceda como a receita para o caldo de carne, acima; para o caldo de cordeiro, exclua as cenouras.

Caldo de peixe

Lave espinhas e cabeças de peixes frescos de carne branca, como bacalhau, pescada, linguado, robalo, halibute. (Não use a pele escura.) Corte em pedaços. Ponha numa panela grande e ferva, com água suficiente para cobrir os ingredientes em cerca de 2,5 cm. Retire, por alguns minutos, toda a espuma que subir à superfície; salgue levemente, tampe parcialmente e cozinhe por 30 minutos. Coe e ferva o líquido novamente, para que o sabor fique concentrado. Quando estiver frio, leve à geladeira por 1 dia ou congele.

COMO USAR CALDO EM TABLETE.

Para disfarçar o uso de caldo pronto, ferva-o por 15 a 20 minutos com um punhado de cenoura, cebola e salsão picados, e, opcionalmente, um pouquinho de vinho branco seco ou vermute branco seco, francês.

COZINHANDO COM OU SEM VINHO.

Para vinho tinto, use uma bebida jovem e intensa como o Beaujolais ou Chianti. Vinhos brancos devem ser secos e encorpados, como o Sauvignon Blanc; como alguns são muito ácidos, prefiro usar vermute branco seco, francês. Além de sua força e qualidade, ele se conserva bem. Porto, Madeira e Xerez devem ser secos. Se você não quiser cozinhar com vinho, simplesmente omita ou junte caldo e mais ervas.

SOPAS FEITAS COM CALDO CASEIRO OU EM TABLETE

R̲e̲c̲e̲i̲t̲a̲ ̲b̲á̲s̲i̲c̲a̲

Sopa de frango com legumes

Rende cerca de 2,5 litros, 6 a 8 porções

8 xícaras de caldo de frango (página 17), caseiro ou em tablete

1 folha de louro

½ xícara de vinho branco seco ou vermute branco seco, francês

1 xícara (cada) de cebola, salsão, parte branca do alho-poró e cenoura, em juliana ou cubinhos

1 peito de frango sem osso e sem pele, dividido na metade

Sal e pimenta-do-reino

    Ferva o caldo de frango com o louro, vinho e legumes; cozinhe por 5 a 6 minutos, ou até que os legumes comecem a ficar macios. Enquanto isso, corte o peito de frango em fatias finas e cada fatia em tirinhas com 3 a 4 cm. Junte ao caldo e ferva por 1 ou 2 minutos, até que estejam cozidas. Ajuste os temperos e deixe descansar por 15 a 20 minutos, para que o frango absorva os sabores. Sirva quente, com torradas melba [podem ser feitas com pão de miga torrado], ou fatias de pão torrado com manteiga.

Variações

Sopa de carne com legumes. Numa panela grande, refogue na manteiga 1 xícara (cada) de cebola, salsão, cenoura e alho-poró em cubinhos, por 2 minutos. Junte 2 litros de caldo de carne (página 18). Acrescente ½ xícara de nabo em cubinhos e ½ xícara de risoni (massa em formato de arroz), tapioca em grão ou arroz; se houver, junte também qualquer apara de carne que tiver sobrado do preparo do caldo. Cozinhe por 10 minutos. Enquanto isso, escalde por 1 ou 2 minutos algumas folhas de repolho verde; escorra, pique e junte à sopa 1 ½ xícara, e ¾ xícara de tomate sem pele e sem sementes, em cubinhos (veja quadro, página 64). Se você não usar carne, acrescente também ¾ xícara de feijão branco ou vermelho cozido (pode ser em lata). Reaqueça por alguns minutos; tempere a gosto e sirva.

Sopa de cebola à francesa. Numa panela grande, refogue 1,2 kg de cebola fatiada em 3 colheres (sopa) de manteiga e 1 colher (sopa) de óleo por cerca de 20 minutos, até que esteja macia. Misture ½ colher (chá) de sal e ½ colher (chá) de açúcar; refogue por mais 15 a 20 minutos, mexendo frequentemente, até que a cebola fique dourada. Polvilhe 2 colheres (sopa) de farinha de trigo e cozinhe devagar, mexendo por 2 minutos. Tire do fogo e junte 2 xícaras de caldo de carne quente e ½ xícara de conhaque. Quando tudo estiver bem misturado, adicione mais 2 litros de caldo de carne e 1 xícara de vinho branco seco ou vermute branco seco, francês. Cozinhe, parcialmente tampado, por 30 minutos. Tempere a gosto e sirva.

Sopa de cebola gratinada. Forre o fundo de uma sopeira grande ou de cumbucas individuais com pão francês tostado, duro (veja quadro); cubra com fatias finas de queijo suíço. Despeje por cima a sopa de cebola e cubra com outra camada de queijo suíço ou parmesão ralado. Leve ao forno a 230°C por 20 minutos, ou até que o queijo esteja derretido e dourado.

> ## PÃO FRANCÊS TOSTADO.
> Para 18 fatias, use uma baguete com cerca de 40 centímetros. Corte o pão em fatias de 0,5 cm e toste por 20 a 30 minutos no forno a 160°C, até que estejam levemente douradas e crocantes. Na metade do tempo, você pode pincelar o pão com azeite de oliva.

Sopa mediterrânea de peixe

Rende cerca de 3 litros, 8 porções

Refogue 1 xícara (cada) de alho-poró e cebola fatiados em ¼ xícara de azeite de oliva até que os legumes estejam quase macios. Acrescente 2 ou mais dentes grandes de alho, picados; 3 xícaras de tomates sem pele e sem sementes, grosseiramente picados (veja quadro, página 64); 1 colher (sopa) de extrato de tomate; 2 pedaços de casca de laranja seca, se disponíveis; e ½ colher (chá), cada, de tomilho seco e sementes de erva-doce. Cozinhe por mais 5 minutos. Adicione cerca de 2 litros de caldo de peixe (página 19) ou caldo leve de frango. Junte uma pitada de açafrão, se disponível. Tempere levemente e deixe ferver; cozinhe por 20 minutos. Enquanto isso, prepare um *rouille* (molho de alho; veja quadro) e corte em pedaços de 5 cm cerca de 1,4 kg (6 xícaras) de peixe magro, sem pele nem espinha, como bacalhau, pargo, robalo ou tamboril (peixe-sapo). Quase na hora de servir, junte o peixe à sopa, espere ferver e cozinhe por cerca de 1 minuto, até que o peixe fique opaco e esteja elástico ao toque.

Espalhe o *rouille* sobre fatias de pão francês torrado (veja quadro acima) e distribua por tigelas individuais. Cubra com a sopa e o peixe, salpique com salsinha picada e queijo parmesão ralado, e sirva, oferecendo mais *rouille* à parte.

ROUILLE – MOLHO VERMELHO DE ALHO.

Para acompanhar sopas de peixe, batatas cozidas, ovos, peixe cozido, massas – e para todos que amam alho. Numa tigela pesada, amasse 6 a 8 dentes de alho picados com ¼ colher (chá) de sal até que se transformem numa pasta (veja quadro, página 72). Junte, amassando, 18 folhas grandes de manjericão fresco, picadas, ¾ xícara de migalhas de pão fresco (veja quadro, página 94) e 3 colheres (sopa) do caldo da sopa ou de leite. Quando o molho estiver homogêneo, acrescente 3 gemas; misture bem. Transfira o molho para o processador e junte, batendo, ⅓ xícara de pimentão vermelho picado, sem pele nem sementes. Sem parar de bater, acrescente muito devagar ¾ a 1 xícara de azeite de oliva frutado – quase em gotas, como se fosse para fazer maionese – até obter um molho grosso e encorpado. Tempere com sal, pimenta-do-reino e Tabasco.

AÏOLI.

Exclua o pimentão para obter o famoso molho de alho chamado *aïoli*.

Caldo escocês

Rende cerca de 2 litros, 6 porções.

Esquente cerca de 2 litros de caldo de cordeiro (página 19), ou uma combinação de caldo de cordeiro e caldo de frango. Acrescente ½ xícara de cevada, lentilhas ou feijões brancos semicozidos (ou junte feijões em lata, mais tarde) e ½ xícara (cada) de cebola, nabo e cenoura em cubos. Adicione 1 xícara de tomates sem peles e sem sementes, em cubos (veja quadro, página 64). Tampe parcialmente e cozinhe por cerca de 15 minutos, até que os legumes estejam macios; tempere a gosto. Misture 3 colheres (sopa) de salsinha picada e sirva.

SOPAS CREMOSAS

Receita básica

Sopa creme de cogumelos

Rende cerca de 2 litros, 6 porções

1 xícara de cebola picada (ou alho-poró, só a parte branca)

4 colheres (sopa) de manteiga

¼ xícara de farinha de trigo

1 xícara de caldo de frango, quente (página 17)

6 xícaras de leite

Cerca de 400 g de cogumelos frescos, limpos, lavados e cortados em cubos

¼ colher (chá) de folhas de estragão seco

½ xícara (ou mais) de creme de leite fresco, creme azedo ou *crème fraîche* (veja quadro, página 25), opcional

Sal e pimenta-do-reino branca, moída na hora

Gotas de suco de limão, opcional

Galhos de estragão fresco ou fatias de cogumelos frescos salteadas, para guarnecer

Sopa-base. Refogue a cebola ou o alho-poró na manteiga, por 7 a 8 minutos, numa panela de fundo pesado, tampada, até que estejam macios e translúcidos. Junte a farinha e cozinhe em fogo baixo, por 2 ou 3 minutos, mexendo sempre. Tire do fogo e, aos poucos, junte o caldo de frango quente. Volte ao fogo brando e junte o leite.

Os cogumelos. Acrescente os cogumelos e estragão seco à sopa-base. Cozinhe por 20 minutos, mexendo frequentemente para evitar que queime. Junte o creme de leite, espere esquentar e tempere a gosto, adicionando suco de limão, se quiser. Decore com os galhos de estragão fresco ou com fatias de cogumelos salteados em cada porção.

CRÈME FRAÎCHE – CREME AZEDO FRANCÊS.

É creme de leite não pasteurizado e fermentado naturalmente. Você pode obtê-lo misturando 1 colher (sopa) de creme azedo em 1 xícara de creme de leite fresco; deixe fermentar e engrossar em temperatura ambiente. Outra maneira é bater quantidades iguais de creme azedo e creme de leite fresco até engrossar. O creme pode ser mantido na geladeira por até uma semana.

PARA CONSERVAR SOPAS E MOLHOS CREMOSOS.

Para evitar que uma película se forme na superfície de sopas e molhos engrossados com farinha de trigo, mexa constantemente. Para conservar por mais tempo, cubra com uma fina camada de leite ou caldo: encha uma colher grande com o líquido, encoste-a na superfície da sopa e derrame o leite ou caldo devagar, espalhando com o verso da colher.

Variações

Sopa creme de brócolis. Prepare a sopa-base como descrito acima. Enquanto isso, separe as pequenas flores e talos de 1 ou 2 cabeças de brócolis (cerca de 700 g) e reserve. Descasque os talos e cozinhe em cerca 1,5 cm de água (página 56). Bata-os no processador com 1 xícara da sopa-base e transfira de volta para a panela. Cozinhe rapidamente as flores de brócolis reservadas na água de cozimento dos talos; passe por água fria para que elas mantenham a cor, escorra e reserve; um pouco antes de servir, reaqueça numa panela com 1 colher (sopa) de manteiga. Ferva o líquido de cozimento do brócolis até que ele se reduza a ½ xícara; acrescente à sopa-base. Quando quiser servir, reaqueça a sopa até que borbulhe, mexendo sempre, por 2 a 3 minutos, com até ½ xícara de creme de leite fresco ou creme azedo. Acerte o tempero e sirva, guarnecendo cada porção com as flores de brócolis.

Sopa creme de aspargos. Cozinhe 1 kg de aspargos frescos, limpos, até que estejam quase macios (página 55). Passe por água fria e corte cerca de 5 cm – a partir do topo para baixo –, separando a parte mais macia do talo. Retire a ponta (cabeça) dos aspargos, corte-as ao meio e reserve para guarnecer – salteando brevemente em manteiga antes de servir. Reserve os talos mais macios, que foram cortados, para transformar, mais tarde, em creme, e pique o restante dos aspargos (caules mais duros). Cozinhe os legumes picados junto com a cebola, na sopa-base, e passe a sopa pronta por um passa verduras para eliminar qualquer fibra dos aspargos. Bata os talos mais macios, reservados, no processador e junte ao líquido. Cozinhe com cerca de ½ xícara de creme de leite fresco ou creme azedo, acerte o tempero e guarneça cada porção com as flores de aspargo salteadas.

Sopa creme de cenouras. Limpe e descasque 8 cenouras médias. Reserve uma para a guarnição. Pique o restante e acrescente à sopa-base junto com as cebolas. Corte a cenoura reservada em fatias finas, no ralador, e cozinhe no vapor por alguns minutos, até que estejam macias. Guarneça cada porção com um ninho de fatias de cenoura mornas.

Outras variações. Use o mesmo sistema para adaptar versões com legumes e verduras como espinafre, nabo, salsão e brócolis; veja também as receitas seguintes, feitas com purê de arroz.

SOPAS CREMOSAS SEM GORDURA, FEITAS COM PURÊ DE ARROZ

Você pode seguir esse método com qualquer uma das sopas cremosas anteriores: em vez de usar uma mistura de manteiga e farinha de trigo para engrossá-las, você cozinha arroz na sopa-base, até que esteja bem macio. Quando batida no processador, a receita se transforma numa sopa deliciosamente cremosa e literalmente sem gordura.

Receita básica

Sopa *soubise* de nabo – com purê de arroz e cebolas

Rende cerca de 2,2 litros, 8 porções

¾ xícara de salsão fatiado

1 ½ xícara de cebola em fatias

2 xícaras de caldo leve de frango
(página 17)

⅓ xícara de arroz branco, cru

4 xícaras de líquido – caldo leve
de frango e leite, em partes iguais

Cerca de 1 kg de nabo, descascado e fatiado

Sal e pimenta-do-reino branca moída na hora

Opcional: creme azedo ou *crème fraîche* (veja quadro, página 25) e salsinha picada

Para a base de arroz e cebola. Cozinhe o salsão e a cebola em 2 xícaras de caldo de frango até que estejam macios e translúcidos – 15 minutos ou mais. Junte o arroz e as 4 xícaras de líquido.

Para o nabo e a finalização da sopa. Acrescente o nabo, espere borbulhar, tempere levemente e cozinhe, parcialmente tampado, por cerca de 30 minutos, ou até que o nabo e o arroz estejam bem macios. Bata no processador, algumas porções de cada vez. Reaqueça, ajuste o tempero e guarneça cada porção, se quiser, com uma colherada de creme azedo ou *crème fraîche*, e um pouco de salsinha picada.

Variações

Sopa creme de pepino. *Rende cerca de 2,2 litros, 6 a 8 porções.* Descasque 4 pepinos grandes, reserve metade de um deles para a guarnição e fatie o restante, no sentido do comprimento, retirando as sementes com uma colher. Pique grosseiramente e tempere com 2 colheres (chá), cada, de vinagre de vinho branco e sal; deixe descansar enquanto o salsão e a cebola cozinham pelos 15 minutos iniciais. Acrescente o pepino e o líquido que se soltou deles à sopa-base com arroz, e finalize como descrito na receita anterior. Para servir, guarneça com uma colherada do creme, fatias de pepino e folhinhas frescas de endro (dill).

Sopa creme de frango com legumes. Combine a base de arroz e cebola com a receita de sopa de frango com legumes da página 20; use apenas 4 xícaras do líquido pedido na receita da sopa de frango.

CHOWDERS

Chowders tradicionais começam com uma base vigorosa de cebolas e batatas que, sozinha, já constitui uma ótima sopa. A essa base fragrante você pode acrescentar pedaços de peixe ou vôngoles ou milho ou o que parecer apropriado. (Nota: você pode dispensar o bacon e usar mais 1 colher [sopa] de manteiga para saltear as cebolas.)

A receita básica para *chowders*

Rende cerca de 2,4 litros; 6 a 8 porções

Cerca de 100 g (²/₃ xícara) de bacon ou toucinho salgado, branqueado (veja quadro, página 119)

1 colher (sopa) de manteiga

3 xícaras (450 g) de cebolas, fatiadas

1 folha de louro

¾ xícara de migalhas de pão fresco, branco, bem comprimidas na xícara (veja quadro, página 94)

6 xícaras de líquido (leite, caldo de frango [página 17], caldo

de peixe [página 19], caldo de cozimento de vôngoles, ou uma combinação deles)

3 ½ xícaras (450 g) de batatas, descascadas, em fatias ou em cubos

Sal e pimenta-do-reino branca, moída na hora

Refogue o bacon ou toucinho com a manteiga numa panela grande, por 5 minutos, ou até que comece a dourar. Junte as cebolas e o louro; tampe e cozinhe por 8 a 10 minutos, até que as cebolas estejam macias. Escorra a gordura da panela e acrescente as migalhas de pão às cebolas. Junte o líquido e as batatas; cozinhe, com a panela parcialmente tampada, por cerca de 20 minutos, até que as batatas estejam macias. Tempere a gosto com sal e pimenta-do-reino branca, e a sopa-base está pronta.

Variações

Chowder de vôngoles da Nova Inglaterra (New England Clam Chowder). Rende cerca de 2,5 litros, 6 a 8 porções.

Limpe e deixe de molho 24 vôngoles de tamanho médio (veja quadro). Cozinhe por 3 a 4 minutos em 1 xícara de água numa panela grande, bem tampada, até que a maioria das conchas tenha aberto. Remova os vôngoles abertos e cozinhe os restantes por mais 1 minuto e pouco. Descarte todas as conchas que permanecerem fechadas. Retire a carne dos vôngoles abertos e decante o líquido de cozimento, com muito cuidado, para que toda a areia permaneça na panela; use o caldo de cozimento como parte do chowder básico. Enquanto isso, pique a carne dos vôngoles no processador de alimentos ou à mão. Acrescente ao *chowder* básico. Antes de servir, aqueça a sopa sem deixá-la ferver – assim os vôngoles não cozinharão demais e não ficarão borrachentos. Junte um pouco de creme de leite ou creme azedo, se quiser; dilua com leite, se necessário, ajuste os temperos e sirva.

> ### PARA PREPARAR OS VÔNGOLES.
>
> Esfregue um de cada vez sob água corrente e descarte qualquer concha que estiver rachada, quebrada ou não muito bem fechada. Deixe de molho por 30 minutos numa tigela de água salgada (⅓ xícara de sal para 4 litros de água). Escorra e, se mais do que alguns poucos grãos de areia permanecerem na tigela, repita a operação. Leve a tigela à geladeira, coberta com uma toalha úmida. Use os vôngoles em até 2 dias.

Chowder de peixe. Prepare o *chowder* básico usando caldo de peixe (página 19) e/ou caldo leve de frango (página 17), além de leite. Corte cerca de 1 kg de peixe sem pele e sem espinhas, como bacalhau, hadoque, halibute, tamboril (peixe-sapo) ou robalo – ou uma mistura deles –, em pedaços de 5 cm. Junte ao chowder básico e cozinhe por 2 a 3 minutos, até que o peixe fique opaco e esteja elástico ao toque. Ajuste os temperos e complete cada porção, se quiser, com uma colherada de creme azedo.

Chowder de frango. Substitua o peixe por peito de frango sem pele, desossado, e prepare o *chowder* básico com caldo de frango e leite.

Chowder de milho. Prepare o *chowder* básico com 6 xícaras de caldo leve de frango e leite. Junte cerca de 3 xícaras de milho ralado ao *chowder* pronto e acrescente, se quiser, 2 pimentões amarelos e/ou verdes bem picados, salteados brevemente na manteiga. Cozinhe por 2 a 3 minutos; ajuste os temperos e complete cada porção, se quiser, com uma colherada de creme azedo.

DOIS DOS MOLHOS BÁSICOS

A cozinha clássica francesa divide a família de molhos em molhos escuros; bechamel, ou molho branco; molho de tomate; holandês, ou molhos feitos com gema de ovo e manteiga; maionese, ou molhos feitos com gema de ovo e óleo; vinagretes e manteigas temperadas, como a *beurre blanc*. Temos molhos escuros e manteigas temperadas no capítulo de carnes, molho de tomate no capítulo de legumes, maionese e vinagretes no capítulo de saladas e aqui estão o bechamel e o holandês.

Receita básica

Molho bechamel

Rende 2 xícaras de um molho não muito grosso

2 colheres (sopa) de manteiga sem sal

3 colheres (sopa) de farinha de trigo

2 xícaras de leite quente

Sal e pimenta-do-reino branca, moída na hora

1 pitada de noz-moscada

Derreta a manteiga numa panela de fundo pesado, junte a farinha e misture com uma colher de pau; cozinhe sobre fogo médio, por 2 minutos, até que a manteiga e a farinha espumem, sem que adquiram mais do que uma cor amarelada. Tire do fogo e, quando a mistura não estiver mais borbulhando, junte todo o leite quente de uma vez, mexendo vigorosamente. Retorne ao fogo, até ferver, mexendo sempre. Cozinhe, sem parar de mexer, por 2 minutos. Tempere a gosto.

Variação

Molho *velouté*. Siga a receita principal para molho bechamel e acrescente caldo quente, em vez de leite, que pode ser de frango, peixe, carne ou legumes; use leite, se quiser, para deixar mais cremoso.

Receita básica

Molho holandês

Rende cerca de 1 ½ xícara

3 gemas

1 pitada grande de sal

1 colher (sopa) de suco de limão

2 colheres (sopa) de manteiga
sem sal

225 g de manteiga sem sal,
derretida e ainda quente

Mais sal e pimenta-do-reino
branca, moída na hora, a gosto

Bata as gemas de ovo com um batedor de arame numa panela de aço inoxidável por 1 ou 2 minutos, até que elas engrossem ligeiramente e fiquem com a cor um pouco mais clara. Junte, batendo, a pitada de sal, o suco de limão e 1 colher (sopa) de manteiga fria. Leve ao fogo baixo e bata sem parar, em velocidade moderada, tirando a panela do fogo de vez em quando para que as gemas não cozinhem muito rápido. Quando elas aderirem ao arame do batedor e você puder ver o fundo da panela, entre uma mexida e outra, tire do fogo e junte a segunda colher de manteiga fria. Sempre batendo, comece a juntar a manteiga derretida, primeiro em pequenas quantidades, até obter ½ xícara de um molho que vai engrossando; junte o restante mais rápido, até que o molho engrosse e adquira a consistência de creme de leite. Prove e ajuste os temperos.

RECUPERANDO MOLHO HOLANDÊS.

Se você adicionou a manteiga muito rápido para que as gemas a tenham absorvido, ou se manteve o molho muito tempo sobre o fogo, ele pode talhar. Para levá-lo de volta a seu estado cremoso, bata brevemente para misturar e transfira uma colherada para uma tigela. Junte 1 colher (sopa) de suco de limão e bata vigorosamente, até ficar cremoso. Então vá acrescentando pequenas quantidades do molho talhado, batendo sempre, sem adicionar nada, até que a quantidade anterior tenha sido absorvida e o molho comece a se recuperar.

MOLHO HOLANDÊS NO LIQUIDIFICADOR.

O molho batido à mão é fácil e relativamente rápido quando você já se acostumou a fazê-lo, mas você pode preferir o liquidificador. Use o mesmo sistema, mas é tão difícil tentar e conseguir produzir quase todo – nunca todo – aquele molho cremoso no liquidificador! E aí você precisa reaquecê-lo. Em todo caso, se for para usar uma máquina, prefiro o processador de alimentos, e também recomendo o processador para fazer maionese.

Variação

Molho *béarnaise*. *Rende cerca de 1 xícara.* Ferva ¼ xícara (cada) de vinagre de vinho branco e vinho branco seco (ou vermute branco seco, francês) numa panela pequena; junte 1 colher (sopa) de cebola picada, ½ colher (chá) de estragão seco e ¼ colher (chá), cada, de sal e pimenta-do-reino moída na hora. Ferva em fogo alto até que o líquido se reduza a 2 colheres (sopa); coe, se quiser, pressionando os temperos para extrair seu líquido. Substitua esse caldo pelo suco de limão na receita básica anterior, mas use apenas 160 g de manteiga derretida, para produzir um molho mais denso. Você também pode acrescentar folhinhas de estragão fresco ao molho pronto.

SALADAS E SEUS MOLHOS

"O vinagrete perfeito é tão fácil de fazer que não vejo nenhuma razão para comprar temperos prontos."

Apesar de sempre termos entre nós aqueles puristas de carteirinha que dizem só comer produtos frescos, produzidos localmente e da estação, agora, com o sistema de empacotamento moderno, a refrigeração primorosa e os transportes rápidos, podemos ter o ano todo quase qualquer tipo de produto fresco – as verduras abundam em gloriosa variedade, assim como vários outros itens desejáveis, que estão prontos e esperando para tornar mais atraentes as nossas saladas.

VERDURAS

Uma vez que tenha verduras em casa, você naturalmente vai querer mantê-las o mais frescas e vibrantes possível. Se já estiverem limpas, lavadas e embaladas, vão se manter assim por vários dias. Sou uma entusiasta da alface hidropônica, que se mantém perfeitamente na geladeira por uma semana ou mais, quando conservada ainda na raiz e dentro de sua embalagem plástica. Nem lavo as minhas; apenas tomo cuidado, quando destaco as folhas, para não mexer na raiz.

Verduras meio murchas. Se acontecer com as suas, geralmente é possível deixá-las razoavelmente crocantes mergulhando-as por várias horas numa bacia de água fria.

Para lavar verduras, como alface lisa, alface *frisée*, alface-romana, alface roxa, escarola e radicchio, descarte as folhas murchas ou as partes murchas de cada folha. Separe as folhas da raiz e, se quiser, destaque-as do talo central, então rasgue-as em pedaços. Mergulhe as verduras em um recipiente grande com água fria, submergindo-as várias vezes, e espere uns momentos para que a terra se deposite no fundo do recipiente; então destaque as folhas com as mãos, deixando a sujeira para trás.

Para secar verduras. Coloque uns punhados de cada vez em uma centrífuga manual de verduras.

Para conservar verduras lavadas. Se for usá-las dentro de algumas horas, e tiver espaço para isso, o melhor sistema é espalhá-las numa assadeira, sobre papel toalha, com o lado côncavo para baixo; cubra com um pano de prato úmido e leve à geladeira. De outra maneira, eu guardo as folhas soltas, envoltas em papel toalha úmido, em sacos plásticos, de preferência com fechos "zip"; assim, elas se mantém por cerca de 2 dias na geladeira.

Salada verde mista

Cerca de 500 g de folhas verdes servirá 6 pessoas – tudo de um tipo só, como alface lisa, ou uma mistura de verduras. As folhas são lavadas e secas, rasgadas em pedaços do tamanho que você preferir – os pequenos são mais fáceis para comer, mas os grandes ficam mais atraentes e geralmente mais apetitosos no prato. Seu molho já está preparado. Você tem uma saladeira grande à mão, assim como garfos e colheres de cabo longo para servir. No instante de servir (e não antes disso, ou as folhas vão murchar), transfira as verduras para a tigela. Regue com várias colheradas do molho; alcance o fundo da saladeira com a colher e o garfo, trazendo para cima grandes porções das verduras, e repita o processo, rapidamente, acrescentando algumas gotas de molho, conforme necessário, para que todas as folhas estejam temperadas sem ficarem encharcadas. Prove um pedaço pequeno e analise o tempero, polvilhando mais um pouco de sal e pimenta-do-reino, ou mais limão e vinagre, se for preciso. Sirva imediatamente.

MOLHOS PARA SALADAS

O molho perfeito é essencial para a salada perfeita, e não vejo razão alguma para usar vidros de temperos prontos, que podem estar encalhados na prateleira do mercado há vários meses. Com seu próprio molho, tudo é fresco – o melhor azeite e vinagre, e limão fresco. Um molho realmente bom para saladas é rápido e fácil de fazer, como o descrito a seguir.

ÓLEOS E VINAGRES PARA SALADA.

A escolha é inteiramente sua, e a principal consideração deve ser seu gosto. Às vezes, você pode preferir um azeite de oliva frutado, em vez de um mais suave, ou você pode preferir óleo de amendoim ou óleo vegetal para algumas receitas – apenas certifique-se de que ele seja bom e esteja fresco. O mesmo vale para o vinagre ou aceto balsâmico: procure experimentar o vinagre de vinho antes de comprá-lo, já que há uma grande variação na qualidade. Particularmente, tenho comprado o vinagre francês de Orleans, porque estou acostumada a ele, mas já experimentei alguns caseiros excelentes. Quando alguém lhe servir uma salada bem temperada, pergunte a seus anfitriões como eles prepararam o molho – eles ficarão lisonjeados e você terá acrescentado uma nova página para seu arquivo de receitas.

Molho vinagrete básico

Esta é a mais básica das receitas para o vinagrete de todas as horas, que você pode variar como quiser; você encontrará sugestões ao final desta receita. Sua beleza reside apenas na qualidade dos ingredientes. Note que você quase sempre encontrará receitas que indicam a proporção de 1 parte de vinagre para 3 partes de óleo, mas isso pode resultar num vinagrete muito ácido, muito "vinagrento". Eu uso as mesmas proporções indicadas para o *dry Martini*, já que você sempre pode acrescentar mais vinagre ou limão, mas nunca retirá-los da mistura.
Rende cerca de ⅔ xícara, 6 a 8 porções

½ colher (sopa) de cebola bem picadinha

½ colher (sopa) de mostarda de Dijon

¼ colher (chá) de sal

½ colher (sopa) de suco de limão espremido na hora

½ colher (sopa) de vinagre de vinho branco

⅓ a ½ xícara de azeite de oliva extravirgem, ou outro óleo fresco

Pimenta-do-reino moída na hora

Tanto faz bater todos os ingredientes juntos num pote de vidro bem tampado ou misturá-los individualmente, como segue. Misture a cebola com a mostarda e o sal. Junte o suco de limão e o vinagre, batendo com um garfo, e quando tudo estiver bem misturado comece a pingar o azeite, para formar uma emulsão cremosa. Acrescente a pimenta-do-reino moída na hora. Prove (mergulhe um pedaço de verdura no molho) e acerte o tempero com mais sal, pimenta-do-reino ou gotas de suco de limão.

PARA CONSERVAR O MOLHO DE SALADA.

O vinagrete é sempre melhor e mais fresco quando servido imediatamente, mas você pode guardá-lo num recipiente de fecho hermético e manter na geladeira por alguns dias. Depois de um tempo, a cebola e o suco de limão vão vencer e estragar o gosto do molho.

Variações

Alho. Triture o alho (veja quadro, página 72) e junte ao molho, ou substitua pela cebola picada. Ou esfregue a saladeira com um dente de alho descascado. Ou esfregue um dente de alho em fatias de pão francês torrado (veja quadro, página 22), corte em pedaços e misture à salada.

Casca de limão. Para um sabor pronunciado de limão, pique a casca (somente a parte verde) de um limão fresco e misture ao molho.

Ervas. Pique ervas frescas, como salsinha, cebolinha, cerefólio, estragão, manjericão e/ou endro, e junte ao vinagrete pronto.

Molho agridoce. Especialmente para pato, ganso, porco e carne de caça. Bata 1 colher (sopa) de molho hoisin ou chutney com o vinagrete; junte, se quiser, gotas de óleo de gergelim. (Veja a página 42 sobre como usar este molho numa salada de pato.)

Molho roquefort. Esmigalhe cerca de ⅓ xícara de queijo roquefort e junte a ⅔ xícara de vinagrete – ou use a proporção que quiser. Adoro a salada servida no Café de Sevilla, em Santa Barbara, que é um coração de alface cortado ao meio ou em quartos, distribuídos nos pratos com o lado cortado para cima, cada pedaço coberto com uma colherada de molho roquefort.

Ovos cozidos picados – Salada Mimosa

Rende 6 porções.

Corte em cubinhos 2 ovos cozidos duros e misture com 2 colheres (sopa) de ervas picadas, como salsinha, cebolinha, manjericão e/ou estragão. Tempere levemente com sal e pimenta-do-reino, e polvilhe sobre a salada temperada antes de servir.

Alface *frisée* com bacon e ovos *poché*

Rende 6 porções.

Prepare 6 ovos *poché* (página 136). Corte um pedaço grosso (5 cm) de bacon em fatias (veja quadro, página 119), doure levemente numa frigideira e escorra, deixando ½ colher (sopa) de gordura na panela. Prepare o vinagrete na frigideira, incluindo a gordura do bacon como parte do molho. Tempere as folhas de alface *frisée* com o molho e sirva cada porção com fatias de bacon e um ovo *poché*. Guarneça com salsinha picada.

Salada morna de coxas de pato

Particularmente recomendada quando você assar o peito de um pato e tiver as coxas sobrando. Desosse-as, tire a pele e bata a carne entre duas folhas de filme plástico até ficarem com 0,5 cm de grossura; então corte em tiras de 0,5 cm de largura. Frite brevemente em um pouco de azeite de oliva até que estejam douradas, mas ainda rosadas por dentro. Tempere com o molho agridoce e sirva sobre uma cama de alface-crespa.

SALADAS COMO PRATO PRINCIPAL

Receita básica

Salada Niçoise

De todas as saladas que servem como prato principal, a Niçoise é minha favorita, com sua base fresca de alface lisa; suas bonitas vagens, cuidadosamente cozidas; seu contraste colorido de ovos cozidos pela metade, tomates vermelhos frescos e azeitonas pretas; tudo reforçado por pedaços de atum e anchovas (veja quadro, página 44). É uma receita perfeita para o almoço, acredito, seja inverno, verão, primavera ou outono – uma combinação inspirada que agrada a todos.

Rende 6 porções

1 pé grande de alface lisa, folhas lavadas e secas

500 g de vagens, cozidas e resfriadas (página 57)

1 ½ colheres (sopa) de cebola picadinha

½ a ⅔ xícara de vinagrete básico (página 39)

Sal e pimenta-do-reino moída na hora

3 ou 4 tomates maduros, cortados em quartos (ou 10 a 12 tomates-cereja, cortados ao meio)

3 ou 4 batatas, descascadas, fatiadas e cozidas (veja a receita de salada de batatas, página 48)

170 g de atum enlatado em pedaços, de preferência conservados em óleo

6 ovos cozidos, descascados e cortados ao meio (página 141)

1 lata recém-aberta de filés de anchova (veja quadro, página 44)

⅓ xícara de azeitonas pretas pequenas (tipo Niçoise)

2 a 3 colheres (sopa) de alcaparras

3 colheres (sopa) de salsinha fresca, picada

Arrume as folhas de alface num prato grande ou numa travessa rasa. Um pouco antes de servir, misture as vagens com a cebola, colheradas de vinagrete, sal e pimenta-do-reino. Pincele os tomates com um pouco de vinagrete. Coloque as batatas no centro do prato e disponha metade das vagens de cada lado, com os tomates e pequenas porções de atum a intervalos estratégicos. Rodeie o prato com as metades de ovo cozido, com o lado da gema para cima, e arrume uma anchova enrolada em cima de cada um. Regue tudo com mais vinagrete e salpique com as azeitonas, alcaparras e salsinha, e sirva.

Variações

Salada de carne fria. Fatie finamente, ou corte em cubos ou tirinhas, 500 g de carne (bovina, vitela ou porco) fria que tenha sido assada ou feita na brasa; leve à geladeira por várias horas numa tigela com molho vinagrete o suficiente para cobrir os pedaços; vire e regue com o vinagrete várias vezes. Para servir, disponha a carne num prato e rodeie com picles, alcaparras, azeitonas, tomates, cebola roxa fatiada, pimentão verde, vagens cozidas ou o que você achar mais apetitoso.

ANCHOVAS DE UMA LATA RECÉM-ABERTA.

O sabor das anchovas "passa" quando elas ficam guardadas numa lata aberta – talvez por isso haja muitas pessoas que odeiam anchovas.

Salada síria de cordeiro. Deixe marinando por várias horas uma dúzia de fatias finas de um pernil de cordeiro assado, em um vinagrete temperado com alho, misturado a várias anchovas amassadas, de uma lata recém-aberta. Ordene cerca de 3 xícaras de trigo cozido[1] (veja quadro) no centro de um prato e disponha, em volta, as fatias de cordeiro. Guarneça como quiser: com azeitonas, ovos cozidos, gomos de tomate, pimentões fatiados ou pepino marinado (página 53).

PARA PREPARAR TRIGO.

Hidrate 1 xícara de trigo cru, seco, com 1 litro de água fervente. Deixe descansar por 15 minutos, ou até que esteja agradavelmente macio. Escorra, lave em água fria e esprema numa toalha, até ficar bem seco. Misture com 1 colher (sopa), cada, de azeite de oliva, cebola ralada e salsinha picada. Tempere a gosto com sal, pimenta-do-reino e suco de limão.

Peito de faisão, pato, frango ou peru servidos como salada. Marine fatias da carne cozida por cerca de 30 minutos no vinagrete. Então, para cada porção, arrume diversas fatias sobre uma cama de folhas de alface-crespa. Pincele com vinagrete e decore com pequenos gomos de laranja, finas fatias de cebola roxa e 1 colher (sopa) de *pinoli* tostados.

---

[1] Do tipo usado para fazer quibe. (N.T.)

Receita básica

Salada de frango

Rende 6 a 8 porções

6 xícaras de frango cozido, cortado em pedaços grandes

Sal e pimenta-do-reino branca moída na hora

1 a 2 colheres (sopa) de azeite de oliva

2 a 3 colheres (sopa) de suco fresco de limão

1 xícara de salsão, em cubinhos

½ xícara de cebola roxa, em cubinhos

1 xícara de nozes, picadas

½ xícara de salsinha, picada

1 colher (chá) de folhas de estragão fresco, bem picadas (ou ¼ colher de estragão seco)

Cerca de ⅔ xícara de maionese (veja quadro, página 48)

Verduras frescas, lavadas e secas

Para decorar: escolha entre ovos cozidos fatiados ou picados, salsinha, tirinhas de pimentão vermelho (ou use tudo isso)

Misture o frango com sal, pimenta-do-reino, azeite de oliva, suco de limão, salsão, cebola e nozes. Cubra e leve à geladeira por pelo menos 20 minutos, ou de um dia para outro. Escorra qualquer líquido que se acumular; acrescente a salsinha e o estragão. Prove e ajuste o tempero. Adicione maionese o suficiente para envolver os ingredientes. Pique a verdura, arrume num prato e disponha a salada por cima. Espalhe uma fina camada de maionese sobre o frango e decore com ovos, salsinha ou tirinhas de pimentão.

Variações

Salada de peru. Siga o mesmo processo da salada de frango.

Salada de lagosta, caranguejo ou camarão. Siga o mesmo processo, e use algumas das cascas para decorar.

Salada de macarrão

Em uma de nossas filmagens para a televisão, tínhamos um fornecedor que começou nos servindo uma salada de macarrão bem aceitável. Porém, ele continuou com o prato, apenas reciclando tudo, dia após dia, por uma semana; finalmente, uma rebelião obrigou à troca do fornecedor. Eu nunca liguei muito para essa receita, desde então, mas admito que pode ser boa quando feita com criatividade. Até já mostrei uma versão para crianças no programa de TV *Mister Rogers' Neighborhood*. Foi feita com espaguete cozido, escorrido e combinado a azeite de oliva, sal e pimenta-do-reino, pimentões verdes e vermelhos em cubinhos, cebolinha, azeitonas pretas e metades de nozes. "Espaguete Marco Polo". Comemos com *hashis*.

Salada de batata estilo americano

Base de batata. Corte ao meio 1,4 kg de batatas e depois corte-as em fatias de 0,5 cm de grossura. Cozinhe em água ligeiramente salgada, por 3 a 5 minutos, até que fiquem macias. Escorra a água do cozimento, tampe a panela e espere 3 a 4 minutos, para que as batatas firmem. Numa tigela grande, misture, gentilmente, as fatias com sal, pimenta-do-reino, ½ xícara de cebola ralada e ¾ xícara de caldo de frango; espere alguns minutos, mexa novamente e repita esse procedimento duas vezes.

Para finalizar. Misture 1 pepino em conserva, bem picado, 3 ou 4 ovos cozidos picados, 3 ou 4 talos macios de salsão em cubinhos e 4 ou 5 tirinhas de bacon crocante, esmigalhado. Deixe a salada esfriar e junte maionese suficiente para envolver as batatas. Acerte o tempero e guarneça, se quiser, com ovos cozidos e salsinha.

Variações

Salada de batata francesa. Prepare as batatas como descrito acima e, enquanto ainda estiverem mornas, misture com azeite de oliva, salsinha picada e temperos a gosto. Espere esfriar para servir.

Salada morna de batata com linguiça. Prepare a salada de batata francesa, acima, e sirva morna com generosas fatias de uma deliciosa linguiça grelhada.

MAIONESE FEITA NO PROCESSADOR.

Coloque 1 ovo e 2 gemas no processador e bata por 30 a 45 segundos, ou até que engrossem e fiquem mais claras. Com a máquina em movimento, junte 1 colher (sopa) de suco fresco de limão e/ou vinagre de vinho branco, 1 colher (chá) de mostarda tipo Dijon, ½ colher (chá) de sal e várias pitadas de pimenta-do-reino branca, moída na hora. Continue com o processador ligado e vá juntando 2 xícaras de azeite de oliva ou de óleo vegetal. Comece a acrescentar o líquido em gotas e, quando ½ xícara tiver sido absorvida, junte o azeite um pouco mais rápido, até obter uma maionese grossa. Prove e junte, batendo, mais limão ou vinagre e os temperos necessários.

Para guardar. Numa tigela coberta, na geladeira; o molho vai se manter por cerca de 1 semana. A maionese fria pode, às vezes, talhar ou afinar quando você mexê-la – para evitar que isso aconteça, é melhor transferi-la, às colheradas, para uma tigela aquecida, batendo bem a cada porção.

Recuperando maionese. Se o molho talhar, deixe descansar por vários minutos, até que o óleo suba à superfície. Tire o máximo de óleo que conseguir, às colheradas, e transfira para outra tigela. Passe 1 colher (sopa) dos resíduos da maionese para uma tigela limpa. Com um batedor de mão, ou um *mixer* elétrico, bata vigorosamente com ½ colher (chá) de mostarda tipo Dijon até que fique cremosa e engrosse. Então, primeiro em porções bem pequenas, de ½ colher (chá), acrescente o restante da maionese que desandou, batendo sempre, até que ela se transforme num creme e comece a engrossar. Finalmente, e ainda batendo, vá adicionando o óleo em gotas. (Usando essa mesma técnica você pode recuperar a maionese num processador elétrico.)

COLE SLAW E OUTRAS SALADAS DE HORTALIÇAS

Cole Slaw

Rende 6 a 8 porções

700 g de repolho firme, fresco, picado

½ xícara de cenoura ralada

⅔ xícara de talos macios de salsão, em cubos

1 pepino médio, sem casca, cortado no sentido do comprimento, sem sementes e picado em cubos

½ xícara de pimentão verde em cubinhos

¼ xícara de cebola em cubinhos

1 maçã pequena, sem casca, sem sementes e picada em cubos

¼ xícara de salsinha fresca, picada

Para o molho

1 colher (sopa) de mostarda tipo Dijon

3 colheres (sopa) de vinagre de maçã

1 colher (chá) de sal

1 colher (chá) de açúcar

¼ colher (chá) de sementes de alcaravia ou cominho

¼ colher (chá) de sementes de aipo

Pimenta-do-reino moída na hora

Cerca de ½ xícara de maionese, opcional

⅓ xícara de creme azedo, opcional

Numa tigela grande, misture o repolho com as outras hortaliças, a maçã e a salsinha. Em outra vasilha, misture a mostarda, vinagre, sal e açúcar; tempere o repolho com esse molho, mexendo bem. Junte as sementes de alcaravia ou cominho, as sementes de aipo e pimenta-do-reino. Prove e ajuste os temperos. Deixe descansar por 30 minutos, ou cubra e leve à geladeira. Antes de servir, escorra o líquido acumulado e ajuste o tempero novamente. Sirva como está ou misture um pouco de maionese com creme azedo e acrescente à salada.

REPOLHO PICADO NO PROCESSADOR.

Corte as extremidades do repolho, em cima e embaixo. Divida o repolho ao meio e retire o miolo central. Corte cada metade em fatias que caibam em seu processador, com os lados cortados para baixo. Use o disco de fatiar e processe cada pedaço para obter o repolho bem picado.

Salada de aipo-rábano com molho *rémoulade*

Trabalhando rápido, para evitar que perca a cor, descasque uma cabeça de aipo-rábano de 500 g, corte em pedaços e rale num processador de alimentos ou à mão, num ralador, para obter tirinhas. Imediatamente, tempere com ½ colher (chá) de sal e 1 ½ colher (sopa) de suco de limão, e deixe marinar por 30 minutos. Para o molho, bata ¼ xícara de mostarda tipo Dijon numa tigela aquecida com 3 colheres (sopa) de água fervente, acrescentadas aos poucos, e seguida de ⅓ xícara de azeite de oliva ou óleo vegetal e 2 colheres (sopa) de vinagre de vinho branco, também acrescentados aos poucos, até obter um molho grosso e cremoso. Misture ao aipo-rábano, ajuste o tempero e guarneça com salsinha picada. Você pode servir, imediatamente, ou cobrir e deixar descansando por cerca de 1 hora na geladeira, onde a salada vai ganhar em sabor e delicadeza.

Salada de beterraba ralada

Para 1 kg de beterraba, 6 porções. Descasque as beterrabas e rale no ralo grosso, ou num processador. Refogue brevemente em 2 colheres (sopa) de azeite de oliva e 1 dente grande de alho, espremido, até aquecer; mexa e tempere com sal, pimenta-do-reino e 1 colher (sopa) de vinagre de vinho branco. Junte ¼ xícara de água, cubra e ferva em fogo baixo por 10 minutos, ou até que as beterrabas estejam macias e a água tenha evaporado. Deixe esfriar e misture com mais azeite, vinagre e temperos a gosto. Sirva com uma salada verde ou com folhas de endívia.

Variação

Salada de beterraba em fatias. Use beterrabas inteiras, descascadas e mornas (veja quadro, página 53). Corte em fatias e misture numa tigela com azeite de oliva, alho espremido (veja quadro, página 72) e sal a gosto.

BETERRABAS NA PANELA DE PRESSÃO.

Beterrabas inteiras demoram horas para cozinhar no forno, mas apenas 20 minutos na panela de pressão. Ponha beterrabas com casca e lavadas, de 5 cm, na panela, com 2,5 cm de água. Espere atingir a pressão, e cozinhe por 20 minutos. Coloque a panela sob a torneira da pia, com água corrente fria, para desfazer a pressão e tire o vapor. Descasque as beterrabas ainda mornas.

Salada de pepino

6 porções, ou como guarnição.

Descasque, corte ao meio no sentido do comprimento e tire as sementes de 2 pepinos grandes. Corte cada metade em fatias finas ou em tirinhas, e tempere com ½ colher (chá) de sal, ¼ colher (chá) de açúcar e 1 colher (sopa) de vinagre de vinho branco. Deixe descansar por 15 a 20 minutos, então escorra (você pode guardar o líquido para temperar a salada). Sirva desse jeito, polvilhada com salsinha picada ou endro fresco, ou junte creme azedo e guarneça com endro.

NOTA:

Alguns pepinos vendidos a granel são cobertos com cera, para melhor conservá-los. Se os seus legumes não tiverem essa camada, não há necessidade de descascá-los, e você terá o prazer de obter fatias com uma borda verde. E, com ou sem cera, não há necessidade de tirar as sementes dos pepinos – mas, com elas, eles soltarão mais líquido quando temperados.

LEGUMES

*"Quando você serve legumes verdes frescos,
quer que eles exibam toda a sua cor."*

Pequenas cebolas brancas precisam manter a forma, mas estar macias por inteiro, e suas batatas amassadas precisam estar cremosas e cheias daquele gosto bom de batata. Eis minhas sugestões para que você obtenha os melhores resultados quando eles são cozidos no vapor, na água, ou assados.

O BRANQUEAMENTO/COZIMENTO DE LEGUMES VERDES

Para branquear ou cozinhar legumes verdes, como vagens, mergulhe-os numa panela grande com água fervente e sal, mantenha a fervura em fogo alto e cozinhe por alguns minutos, até que os legumes estejam macios. Se você não vai servi-los na hora, escorra imediatamente e coloque os vegetais em uma vasilha com água gelada, para preservar a cor e a textura. Escorra totalmente e os legumes estão prontos para serem servidos, quentes ou frios. Desta forma, você pode cozinhá-los com várias horas de antecedência. As proporções são: 1 ½ colher (chá) de sal para cada litro de água, ou 12 colheres (chá) – 4 colheres (sopa), ou ¼ xícara – para 8 litros.

TABELA DE BRANQUEAMENTO/COZIMENTO DE LEGUMES

Legume	Preparo	Cozimento (em 6 a 8 litros de água salgada fervendo)	Finalização
Aspargos (4 a 6 talos por porção)	Retire 1,5 cm de cada talo, na parte da raiz, e descasque-os até o meio, um pouco antes da ponta.	Coloque-os deitados na panela e cozinhe, sem tampar, por 4 a 5 minutos, ou até que os aspargos se curvem um pouco. Retire da água e escorra numa toalha.	Regue os aspargos mornos com manteiga derretida e/ou suco fresco de limão. Ou sirva com molho holandês (página 33). Ou sirva frio com vinagrete (página 39).

Legume	Preparo	Cozimento (em 6 a 8 litros de água salgada fervendo)	Finalização
Acelga (10 talos, para 6 a 8 porções)	Separe as folhas do talo central. Cozinhe as folhas e os talos separadamente.	Os talos: corte em fatias de 0,5 cm. Adicione, aos poucos, 3 xícaras de água a ¼ xícara de farinha de trigo com 1 colher (chá) de sal e 1 colher (sopa) de suco de limão. Leve à fervura, junte os talos e cozinhe por 30 minutos. Escorra. As folhas: cozinhe, esprema para retirar o excesso de água e pique, como o espinafre.	Prepare as folhas das mesmas maneiras sugeridas para o espinafre. Ou misture as folhas e os talos e gratine, com queijo, como a couve-flor (página 66), usando o líquido de cozimento dos talos como base para o molho.
Brócolis (700 g, para 4 ou 5 porções)	Destaque as flores e descasque os talos. Descasque as hastes centrais até chegar à parte verde clara e corte em pedaços.	Cozinhe, sem tampar, por 2 a 4 minutos, até que fiquem macios, apenas um pouco crocantes. Escorra imediatamente. Brócolis cozinham (e cozinham em excesso) tão rápido que não recomendo prepará-los com antecedência.	As mesmas sugestões dadas para os aspargos, mais: 1. Salpique com migalhas de pão fresco, passadas na manteiga (veja quadro, página 94). 2. Refogue os brócolis numa frigideira com azeite de oliva e alho espremido. 3. Prepare um gratinado (página 66).

Legume	Preparo	Cozimento (em 6 a 8 litros de água salgada fervendo)	Finalização
Couve-de-bruxelas (700 g, para 4 ou 5 porções)	Apare a ponta da raiz, descarte folhas moles ou sem cor; faça um corte em forma de cruz, a até 0,5 cm de profundidade, no lado da raiz.	Cozinhe, sem tampar, por 4 a 5 minutos, até que estejam macias quando espetadas com um garfo. Escorra. Resfrie em água gelada se não for servi-las imediatamente.	1. Sirva inteiras com manteiga derretida, ou cortadas na metade e salteadas em manteiga quente, até que fiquem ligeiramente douradas. 2. Prepare um gratinado (página 66).
Espinafre (1,3 kg, para 4 porções)	Lave em água fria, escorra e repita, para remover as impurezas. Retire as folhas dos talos.	Cozinhe, sem tampar, até que murchem, por 1 a 3 minutos, dependendo da idade das folhas. Escorra; resfrie sob água gelada; escorra novamente; aperte bem o espinafre para retirar o excesso de água e pique com uma faca. (Se as folhas forem novas e macias, não é preciso cozinhar na água; simplesmente refogue em óleo ou manteiga.)	Refogue, brevemente, em manteiga ou azeite de oliva, com alho picado. Ou acrescente ½ a 1 xícara de caldo ou creme de leite, tempere com sal, pimenta-do-reino e noz-moscada, tampe e cozinhe por 5 a 7 minutos, com manteiga e cebola, até que fique macio.
Vagens (700 g, para 4 ou 5 porções)	Para vagens finas, descarte as pontas. Para vagens maiores, prepare à moda francesa, cortando-as diagonalmente, em fatias de 2,5 cm.	Cozinhe as vagens "francesas" por 2 ou 3 minutos e as vagens inteiras por 4 a 5 minutos. Escorra; prepare, imediatamente, ou resfrie em água gelada.	1. Salteie numa frigideira com manteiga, suco de limão, temperos e salsinha. 2. Resfrie e misture com vinagrete (página 39).

LEGUMES COZIDOS NO VAPOR

Quando você não tem a preocupação de preservar a cor dos alimentos, o vapor é um jeito fácil de cozinhar diversos legumes. Você precisa de uma cesta para cozimento no vapor que se encaixe numa panela com tampa. Ponha 2,5 cm de água na panela, encaixe a cesta e arrume os legumes dentro dela. Tampe, espere ferver e comece a contar o tempo de cozimento assim que o vapor se formar.

PORÇÕES DE LEGUMES NO VAPOR

Legume	Preparo	Cozimento (numa cesta, sobre 2,5 cm de água em panela tampada)	Finalização
Alcachofras (inteiras, 1 por pessoa)	Corte e descarte o talo da alcachofra. Corte e descarte 0,5 cm do topo. Retire as pontas espinhosas de cada folha com uma tesoura. Esfregue as partes cortadas com limão.	Arrume as alcachofras na cesta, com a parte cortada voltada para baixo. Cozinhe por 30 a 40 minutos, até que o fundo da alcachofra esteja macio.	1. Sirva morna e mergulhe as folhas em manteiga derretida ou molho holandês (página 33). 2. Sirva fria com maionese (página 48) ou vinagrete (página 39).

Legume	Preparo	Cozimento (em 6 a 8 litros de água salgada fervendo)	Finalização
Berinjela (uma berinjela de 500 g rende 4 porções)	Lave a berinjela. Ponha inteira na cesta.	No vapor, por 20 a 30 minutos, até que esteja macia, um pouco enrugada, e que não mostre resistência ao ser espetada com um garfo ou faca.	Retire o topo (parte verde) e corte a berinjela na metade ou em quartos, no sentido do comprimento. 1. Regue a polpa da berinjela com vinagrete de alho (página 41) e sirva morna ou fria. 2. Com uma colher, retire a polpa da berinjela; salteie devagar com azeite de oliva, cebola e alho espremido, até ficar macia e ligeiramente dourada. 3. Caviar de berinjela: bata a polpa num *mixer*, com alho espremido, pimenta-da-jamaica, gengibre, Tabasco e, se quiser, 1 xícara de nozes moídas, mais até 4 colheres (sopa) de azeite de oliva, acrescentada aos poucos.

Legume	Preparo	Cozimento (em 6 a 8 litros de água salgada fervendo)	Finalização
Couve-flor (700 g, para 4 a 5 porções)	Retire o miolo central e separe as flores. Descasque o miolo e corte em pedaços. Descasque o talo de cada flor.	No vapor, por 3 a 5 minutos, até que a couve-flor esteja cozida, mas ainda ligeiramente crocante.	1. Cubra com manteiga, limão ou molho holandês; ou salpique com migalhas de pão, passadas na manteiga, e salsinha picada. 2. Salteie numa frigideira com azeite de oliva, alho espremido e salsinha. 3. Prepare um gratinado (página 66).
Repolho em cunhas (um repolho de 1 kg rende 4 porções)	Corte o repolho ao meio e cada metade em cunhas triangulares. Apare o miolo, mas não deixe que as folhas se soltem.	Arrume as cunhas de repolho, com o lado cortado voltado para cima, na cesta de cozimento. Regue com 2 xícaras de caldo de frango, mais água, até atingir 2,5 cm no fundo da panela. Tempere o repolho, tampe a panela e cozinhe por cerca de 15 minutos, até ficar macio.	Ferva o caldo de cozimento do repolho até engrossar um pouco. Misture 1 a 2 colheres (sopa) de manteiga e salsinha picada. Regue o repolho com esse molho antes de servir.

O SISTEMA DE COZINHAR NA PANELA

Este é um método especialmente eficiente para legumes de raiz, como cenouras e pequenas cebolas, e também para ervilhas a granel. Em lugar de ferver os legumes imersos em água e então escorrê-los, jogando fora muito do sabor com a água do cozimento, você os cozinha numa panela tampada, com pouco líquido. Então, reduz o líquido para concentrar seu sabor e usa para temperar os legumes.

TABELA PARA COZINHAR VEGETAIS NA PANELA

Legume	Preparo	Cozimento	Finalização
Abóbora-menina (700 g, para 5 a 6 porções)	Corte ao meio e descarte as sementes e fibras. Descasque as metades e corte em pedaços de 2 cm.	Coloque na panela e junte água suficiente para atingir metade da altura dos legumes. Tempere com ½ colher (chá) de sal e, se quiser, 1 ou 2 colheres (sopa) de manteiga. Tampe e ferva em fogo alto por 8 a 10 minutos, ou até que os legumes estejam macios. Destampe a panela e ferva até que o líquido restante se evapore.	1. Misture os legumes com manteiga e salsinha ou cebolinha picada, ou com gengibre fresco ralado. 2. Passe os pedaços de legume pelo processador ou um espremedor, para transformar em purê. Esquente sobre uma panela de fundo pesado, sobre fogo moderado, para secar o purê. Junte manteiga ou creme de leite fresco; tempere a gosto. 3. Purê dourado: bata purê de cenouras (ou de abóbora) com batatas amassadas (página 71).

Legume	Preparo	Cozimento	Finalização
Cebolas brancas, pequenas (12 a 16 cebolas, com cerca de 2,5 cm de diâmetro, para 4 porções)	Para descascar, mergulhe as cebolas em água fervendo por exatamente 1 minuto. Escorra e resfrie em água gelada. Retire as extremidades e a pele das cebolas. Faça um corte em forma de cruz, a até 0,5 cm de profundidade, no lado da raiz, para evitar que elas arrebentem.	Para "cebolas claras": arrume-as em uma única camada, no fundo da panela, com caldo de frango ou água, até a metade das cebolas. Junte 1 colher (sopa) de manteiga, tempere levemente, tampe e cozinhe em fogo baixo por 25 minutos, ou até que estejam macias. Para "cebolas douradas": antes de cozinhar, refogue as cebolas em manteiga ou óleo até ficarem douradas. Então junte o líquido, sal e 1 colher (chá) de açúcar; tampe e cozinhe como descrito acima.	1. Destampe a panela, deixe o líquido evaporar um pouco e junte mais 1 colher (sopa) de manteiga, se quiser. 2. Para cebolas cremosas: adicione creme de leite fresco às "cebolas claras" quando estiverem começando a ficar macias. Cozinhe em fogo baixo por alguns minutos até que o creme engrosse, pincelando as cebolas. Se quiser, acrescente salsinha picada.

Legume	Preparo	Cozimento	Finalização
Cenoura, mandioquinha, nabo (700 g, para 5 a 6 porções)	Descasque os legumes e corte em pedaços de 2 cm.	Coloque na panela e junte água suficiente para atingir metade da altura dos legumes. Tempere com ½ colher (chá) de sal e, se quiser, 1 ou 2 colheres (sopa) de manteiga. Tampe e ferva em fogo alto por 8 a 10 minutos, ou até que os legumes estejam macios. Destampe a panela e ferva até que o líquido restante se evapore.	1. Misture os legumes com manteiga e salsinha ou cebolinha picada, ou com gengibre fresco ralado. 2. Passe os pedaços de legume pelo processador ou um espremedor, para transformar em purê. Esquente sobre uma panela de fundo pesado, sobre fogo moderado, para secar o purê. Junte manteiga ou creme de leite fresco; tempere a gosto. 3. Purê dourado: bata purê de cenouras (ou de abóbora) com batatas amassadas (página 71).
Ervilhas (1 kg de ervilhas frescas ainda na vagem, ou cerca de 3 xícaras, para 6 porções)	Descasque as ervilhas e ponha numa panela. Junte 1 colher (sopa) de manteiga amolecida e 1 colher (chá), cada, de sal e açúcar. Trabalhando aos punhados, envolva bem as ervilhas na manteiga, açúcar e sal.	Junte água até quase cobrir as ervilhas. Espere ferver, tampe a panela e cozinhe em fogo alto por 10 a 15 minutos, até que estejam macias.	Destampe a panela e deixe o líquido evaporar um pouco mais, se necessário. Ajuste os temperos. Se quiser, misture mais manteiga.

LEGUMES ASSADOS

Tomates à provençal

Cortados ao meio e assados com ervas, alho e migalhas de pão. Receita para 4 tomates, firmes e maduros, que rendem 4 porções. Corte ao meio e tire as sementes (veja quadro abaixo). Misture ½ xícara de migalhas de pão fresco, 2 colheres (sopa) de cebola picada, 2 dentes de alho picados, 1 a 2 colheres (sopa) de azeite de oliva, sal e pimenta-do-reino a gosto. Recheie os tomates com essa mistura. Regue com azeite de oliva e asse na parte mais alta de um forno preaquecido a 200°C por 15 a 20 minutos, até que as migalhas de pão estejam ligeiramente douradas e os tomates estejam macios, mas ainda mantenham a forma.

TOMATES: COMO DESCASCAR E TIRAR AS SEMENTES – POLPA FRESCA DE TOMATE.

Para descascar os tomates, mergulhe-os numa panela grande com água fervente por exatamente 10 segundos. Corte a tampa e tire a pele a partir desse corte. Para tirar as sementes, corte ao meio e, gentilmente, aperte os tomates para deslocar as sementes e o miolo gelatinoso; tire as sementes restantes com os dedos. Desta forma, podem ser picados ou cortados em cubos (*concassées*) como "polpa fresca de tomate".

Abóbora-menina assada

Receita para 700 g de abóbora-menina, que rende 4 a 6 porções. Para assar qualquer tipo de abóbora, corte na metade e retire as sementes e as fibras. Esfregue o interior de cada metade com manteiga e temperos, então asse na parte de baixo do forno, preaquecido a 200°C, até que a polpa esteja macia – cerca de 1 hora ou mais. Divida em porções individuais e sirva assim, ou preencha com qualquer recheio que você usaria num peru assado e asse por mais meia hora, regando diversas vezes com os sucos do cozimento ou com manteiga derretida.

Fatias de berinjela assada e "pizza" de berinjela

Receita para 2 berinjelas médias, cerca de 1,4 kg, que rendem 5 a 6 porções. Escolha berinjelas firmes e brilhantes. Lave-as e corte em fatias de 1,5 cm. Salgue ligeiramente dos dois lados e deixe descansar, sobre papel toalha, por 20 a 30 minutos. Seque as fatias, arrume-as numa assadeira untada e pincele com azeite de oliva. Salpique com ervas italianas ou provençais secas (veja quadro, página 91), cubra com papel-alumínio e asse no forno preaquecido a 200°C por 20 minutos, ou até que estejam macias. Para "pizzas" de berinjela, espalhe molho de tomate (veja quadro) sobre cada fatia, polvilhe com queijo parmesão e regue com azeite de oliva. Doure no forno.

MOLHO DE TOMATE

MOLHO DE TOMATE FRESCO.

Rende cerca de 2 ½ xícaras. Refogue ½ xícara de cebolas moídas em 2 colheres (sopa) de óleo; quando estiverem macias, junte 4 xícaras de polpa fresca de tomate (veja quadro) ou metade de tomates frescos e metade de tomates italianos em lata. Tempere com 1 pitada de tomilho, 1 folha de louro, 2 dentes de alho grandes, espremidos, e, se quiser, 1 pitada de açafrão e 1 colher (café) de casca de laranja seca. Salgue ligeiramente e cozinhe, com a panela parcialmente tampada, por 30 minutos.

FONDUE DE TOMATE – GUARNIÇÃO.

Refogue 2 colheres (sopa) de cebola moída em 1 colher (sopa) de azeite de oliva ou manteiga; quando estiverem macias, junte ¼ xícara (cada) de caldo de frango e vermute branco seco, francês, até ferver. Quando estiver com consistência de xarope, misture 2 xícaras de polpa fresca de tomate (receita acima), 1 dente de alho picado e uma boa pitada de estragão ou manjericão. Cozinhe por 2 a 3 minutos, ajuste os temperos e acrescente salsinha picada.

Couve-flor gratinada

Rende 5 ou 6 porções.

Para 3 xícaras de couve-flor cozida (veja tabela), prepare de 2 a 2 ½ xícaras de molho bechamel (página 32). Misture ao molho ⅓ xícara de queijo suíço ralado grosso e espalhe uma fina camada numa vasilha rasa que possa ir ao forno. Arrume a couve-flor na vasilha, regue com o molho restante e polvilhe com ¼ xícara de queijo. Asse em forno, preaquecido, a 220°C, por 20 a 25 minutos, até que esteja borbulhando e ligeiramente dourado.

Variações

Brócolis ou couve-de-bruxelas. Use exatamente o mesmo sistema utilizado na couve-flor.

Abobrinha gratinada. Rale e salteie a abobrinha (página 68), reservando o líquido. Prepare um molho *velouté* (página 33) usando 2 colheres (sopa) de manteiga, 3 colheres (sopa) de farinha de trigo e 1 ½ xícara do líquido da abobrinha (complete com leite). Envolva a abobrinha no molho, distribua sobre uma tigela refratária untada com manteiga e polvilhe com ¼ xícara de queijo suíço ralado. Asse na grade mais alta do forno a 200°C, até que esteja dourado e borbulhante, por cerca de 20 minutos.

LEGUMES SALTEADOS

Como sempre, saltear é o jeito mais fácil e rápido de preparar legumes. No entanto, você deve sempre considerar as calorias que eles ganham com a deliciosa manteiga ou azeite de oliva virgem que você usar.

Cogumelos salteados

Lembre-se: 225 g de cogumelos frescos em fatias = 2 ½ xícaras; 225 g de cogumelos frescos em cubos = 2 xícaras; 340 g (3 xícaras) de cogumelos em fatias ou cubos = 2 xícaras de cogumelos salteados.

Para 250 g de cogumelos frescos, cortados em quartos, aqueça 1 ½ colher (sopa) de manteiga e ½ colher (sopa) de azeite numa frigideira grande; quando a espuma da manteiga estiver baixando, junte os cogumelos. Salteie por alguns minutos, mexendo frequentemente, até que a manteiga seja absorvida e os cogumelos começarem a dourar. Junte ½ colher (sopa) de cebola picada, tempere com sal e pimenta-do-reino e salteie por mais 30 segundos.

Variação

Cogumelos *duxelles*. Pique bem 250 g de cogumelos frescos. Trabalhando em porções, esfregue-os num pano de prato, para extrair os sucos. Salteie como indicado previamente, juntando as cebolas picadas no fim. Para temperar com vinho, misture 2 colheres (sopa) de vinho do Porto seco ou vinho Madeira e ferva rapidamente.

CHAPÉUS DE COGUMELOS COZIDOS.

Para usar como guarnição. Ponha 10 chapéus grandes de cogumelos numa panela de aço inoxidável com ¼ xícara de água, 1 colher (sopa) de suco fresco de limão, 1 boa pitada de sal e 1 colher (sopa) de manteiga. Cozinhe em fogo baixo, com a panela tampada, por 2 ou 3 minutos, até que os cogumelos estejam macios.

Pipérade – Pimentões e cebolas salteados

Para 1 ½ xícaras. Salteie 1 cebola média, em fatias, em 2 colheres (sopa) de azeite de oliva, até que esteja macia, mas não dourada. Junte 1 pimentão médio, vermelho, em fatias, 1 pimentão verde em fatias e 1 dente de alho espremido. Tempere com 1 pitada grande de ervas da Provença (veja quadro, página 91), sal e pimenta-do-reino a gosto. Continue a saltear por alguns minutos, em fogo baixo, até que os pimentões estejam macios.

Abobrinha ralada salteada

Para 700 g, 4 porções. Rale a abobrinha e coloque num escorredor com 1 ½ colher (chá) de sal; reserve por 20 minutos. Trabalhando em porções, esfregue a abobrinha num pano de prato, para extrair os sucos. Salteie 1 colher (sopa) de cebola bem picada numa frigideira grande com 2 colheres (sopa) de azeite de oliva ou manteiga; junte a abobrinha e cozinhe sobre fogo alto por cerca de 2 minutos, ou até ficar macia.

Variações

Abobrinha cremosa. Quando o legume estiver macio, junte ½ xícara de creme de leite fresco e cozinhe até que ele seja absorvido pela abobrinha. Acrescente 1 colher (sopa) de salsinha ou estragão picados.

Abobrinha gratinada com queijo. Veja página 66.

Beterraba ralada e salteada

Para 700 g de beterraba, 4 porções. Descasque e rale as beterrabas. Ponha numa frigideira antiaderente com 2 colheres (sopa) de manteiga derretida. Junte 0,5 cm de água e 1 colher (sopa) de vinagre de vinho tinto. Ferva, sobre fogo médio, por 1 minuto, mexendo sempre. Tampe, abaixe o fogo e cozinhe por cerca de 10 minutos, juntando mais água, se necessário, até que a beterraba esteja macia e o líquido tenha evaporado. Dê uma mexida, junte outra colher de manteiga e tempere a gosto.

Variação

Nabo e cenoura. Rale e salteie como indicado anteriormente.

"Geleia" de cebola dourada

Rende cerca de ½ xícara. Em fogo baixo, salteie 3 xícaras de cebola fatiada em 2 ou 3 colheres (sopa) de manteiga por cerca de 15 minutos, até que estejam macias e translúcidas. Aumente o fogo e salteie por mais 5 minutos, mexendo, até que fiquem douradas.

LEGUMES BRASEADOS

Quando os legumes precisam de um cozimento mais demorado, você os prepara braseados – em panela tampada, para que eles cozinhem em seus próprios sucos.

Salsão braseado

Use de ⅓ a ½ coração de salsão para cada porção. Corte o coração do salsão em metades ou terços no sentido do comprimento, dependendo da grossura; lave em água fria corrente. Coloque, com o lado cortado para cima, numa assadeira untada que possa ir ao fogo. Salgue ligeiramente, espalhe por cima de cada porção 1 colher (chá) de *mirepoix* (veja quadro, página 70) e regue com caldo de frango até atingir ⅓ da altura do salsão. Leve ao fogo e espere ferver. Cubra o salsão com papel-manteiga e depois com papel-alumínio e leve ao forno a 175°C, por 30 a 40 minutos, até que esteja macio. Transfira o líquido do cozimento para uma panela e ferva até engrossar. Misture 1 colher (sopa) de manteiga e distribua sobre o salsão.

> **MIREPOIX – LEGUMES AROMÁTICOS.**
> Para dar mais sabor às carnes e legumes braseados. Rende cerca de ⅓ xícara. Salteie em fogo baixo ¼ xícara (cada) de cenoura, cebola e salsão em cubinhos, por cerca de 10 minutos, em 2 colheres (sopa) de manteiga com 1 pitada de tomilho e, se quiser, ¼ xícara de presunto em cubinhos. Quando estiver macio, tempere a gosto.

Variação

Alho-poró braseado. Use 1 alho-poró grosso ou 2 finos, limpos. Corte os alhos-porós grossos ao meio, no sentido do comprimento; deixe os finos inteiros. Ponha com o lado cortado voltado para cima, em uma única camada, numa assadeira untada; proceda como para o salsão braseado, mas exclua o *mirepoix*.

Endívias braseadas

Para 10 endívias, 5 a 10 porções. Apare a ponta da raiz, deixando as folhas presas. Arrume-as em uma única camada, numa caçarola untada. Salgue ligeiramente, distribua 1 ½ colher (sopa) de manteiga, em pedacinhos, sobre os legumes, e regue com 1 colher (chá) de suco de limão. Adicione água até atingir metade da altura das endívias e leve ao fogo até ferver. Abaixe o fogo e ferva por 15 minutos, ou até os legumes ficarem quase macios. Cubra com papel-manteiga, tampe a caçarola e asse em forno a 160°C por 1 ½ a 2 horas ou até que as endívias estejam de um amarelo pálido.

Repolho roxo agridoce

Rende 4 a 5 porções. Salteie 1 xícara de cebola roxa em fatias numa panela grande com 2 a 3 colheres (sopa) de manteiga, óleo ou gordura de porco até que fique macia. Junte 4 xícaras de repolho roxo picado, 1 maçã ácida ralada, 2 colheres (sopa) de vinagre de vinho tinto, 1 dente de alho espremido, 1 folha de louro, ½ colher (chá) de sementes de alcaravia, 1 colher (chá) de açúcar, sal, pimenta-do-reino e ½ xícara de água. Tampe e ferva sobre fogo alto por 10 minutos, mexendo ocasionalmente e juntando mais água, se necessário, até que o repolho esteja macio e o líquido tenha evaporado. Prove e ajuste os temperos.

BATATAS

Purê de batata

Para 1,2 kg (4 ou 5) batatas grandes. Rende 6 porções. Descasque as batatas, corte em quartos e ferva por 10 a 15 minutos em água salgada – 1 ½ colher (chá) de sal por litro de água – até que estejam macias quando espetadas com um garfo (mas não cozinhe demais!). Escorra. Devolva as batatas à panela e salteie por cerca de 1 minuto para que a umidade evapore. Passe pelo espremedor de batatas ou por um *mixer* elétrico, em velocidade baixa para média, juntando aos poucos leite quente ou creme de leite. Tempere com sal e pimenta-do-reino branca, adicionando às colheradas até ½ xícara de leite quente ou creme de leite, alternando cada adição com ½ colher (sopa) de manteiga. Se não for servir imediatamente, coloque a panela sobre água quase fervendo e tampe com folga – as batatas precisam de um pouco de ar circulando. Assim, vão se manter por algumas horas; mexa de vez em quando, juntando um pouco mais de manteiga, se quiser, antes de servir.

Variação

Purê de batatas com alho. Depois de amassar as batatas, esprema 1 ou 2 cabeças de alho braseado e cozido em creme de leite (veja quadro); misture às batatas e transforme em purê, juntando leite ou creme de leite e manteiga a gosto. (Em meus primeiros programas de TV, eu usava um sistema mais complicado que envolvia *roux*[2], mas assim é bem mais simples e melhor.)

ALHO

INFORMAÇÕES SOBRE O ALHO.

Para separar os dentes de uma cabeça de alho, corte o topo e dê um soco com os punhos ou use a parte lisa de uma faca. Para descascar dentes de alho inteiros, mergulhe-os numa panela com água fervente e deixe por exatamente 30 segundos; as cascas sairão com facilidade. Para picar o alho, amasse um dente inteiro sobre uma tábua de cozinha, descasque e então pique com uma faca grande. Para obter alho espremido, polvilhe 1 pitada de sal sobre o alho picado, então pressione e esfregue o alho com a parte lisa de uma faca para cima e para baixo sobre a tábua de cozinha, ou amasse num pilão. Para remover o odor do alho de suas mãos, lave em água fria, esfregue com sal e então lave com sabão e água morna; repita se necessário.

DENTES DE ALHO BRASEADOS.

Cozinhe 1 cabeça com dentes grandes de alho em 1 colher (sopa) de manteiga ou azeite de oliva numa panela pequena, tampada, por cerca de 15 minutos, até que estejam bem macios, mas não dourados.

---

2 Farinha de trigo cozida em manteiga. (N.T.)

> **DENTES DE ALHO BRASEADOS EM CREME DE LEITE.**
> Cozinhe os dentes de alho (braseados conforme descrição acima) com ½ xícara de creme de leite por cerca de 10 minutos, até que estejam se desmanchando, de tão macios. Tempere com sal e pimenta-do-reino branca.

Batatas inteiras no vapor

Para batatas pequenas, do tipo "bolinha", com até 5 cm de diâmetro. Limpe as batatas e, se quiser, retire uma faixa da pele, na metade de cada uma. Arrume numa cesta para cozimento no vapor, sobre 5 cm de água. Espere ferver, tampe com folga e cozinhe por cerca de 20 minutos, até que as batatas estejam macias ao serem espetadas com um garfo. Sirva com temperos e manteiga derretida, ou corte em metades e faça uma salada de batatas.

Batatas cozidas em fatias

Especialmente para servir em saladas. Para cerca de 800 g. Escolha batatas do mesmo tamanho. Uma de cada vez, descasque-as, corte em fatias com 0,5 cm e mergulhe em água fria – para evitar que percam a cor. Quando todas estiverem preparadas, escorra e junte água fresca para cobri-las, mais 1 ½ colher (chá) de sal por litro. Cozinhe por 2 a 3 minutos, testando cuidadosamente para ter certeza de que estão macias. Escorra, tampe a panela e deixe firmarem por exatamente 4 minutos. Destampe a panela e tempere as batatas enquanto ainda estão mornas.

Batatas gratinadas (Gratin Dauphinois)

Para 1 kg de batatas, 4 a 6 porções. Lave as batatas e, uma de cada vez, descasque e corte em fatias, como na receita anterior. Unte uma vasilha refratária com manteiga, esfregue-a com 1 dente de alho picado e distribua as fatias de batata. Aqueça 1 xícara de leite temperado com sal e pimenta-do-reino, e distribua sobre as batatas – junte mais leite, se necessário, até atingir ¾ da altura delas. Leve ao fogo até ferver e distribua 2 a 3 colheres (sopa) de manteiga, em pedacinhos, sobre as batatas. Asse na parte mais alta de um forno preaquecido a 220°C, por cerca de 25 minutos, até que as batatas estejam macias e douradas.

Variações

Batatas gratinadas *savoyarde*. Salteie na manteiga 3 xícaras de cebolas em fatias finas. Distribua na vasilha refratária, junto com as batatas, as cebolas e 1 ½ xícara de queijo suíço ralado. Em lugar de leite, aqueça 2 xícaras de caldo de frango ou carne, bem temperado; regue as batatas até atingir ¾ da altura delas. Asse em forno a 220°C, regando diversas vezes com os sucos do refratário, até que o líquido tenha sido absorvido e as batatas estejam douradas, por cerca de 40 minutos.

Batatas Anna. Para 1 kg de batatas, 4 a 6 porções. Prepare as fatias de batata como descrito acima e seque bem. Coloque manteiga clarificada (veja quadro, página 75) numa frigideira antiaderente de 25 cm de diâmetro até atingir 0,5 cm; leve ao fogo moderado e, rapidamente, encha o fundo da frigideira com uma camada de batatas fatiadas, arrumando-as em círculos concêntricos. Chacoalhe a frigideira para evitar que elas grudem, espalhe um pouco de manteiga sobre a primeira camada de batatas e arrume as fatias restantes em outras camadas, espalhando um pouco de manteiga entre cada uma e temperando com sal e pimenta-do-reino. Quando a frigideira estiver cheia, cozinhe de 3 a 5 minutos, para que a camada de baixo fique firme. Abaixe o fogo, tampe a frigideira e cozinhe por 45 minutos, ou até que as batatas estejam macias quando espetadas com um garfo – tome cuidado para que o fundo não queime. Solte, delicadamente, as batatas, usando uma faca ou espátula fina e inverta sobre um prato de servir aquecido.

Batatas salteadas em cubinhos

Para 700 g de batatas, 4 porções. Descasque as batatas e corte em cubinhos de 2 cm; mergulhe em água fria para remover o amido. Escorra e seque numa toalha. Salteie sobre fogo alto em 3 colheres (sopa) de manteiga clarificada (veja quadro) ou 2 colheres (sopa) de manteiga e 1 colher (sopa) de óleo, mexendo frequentemente até que estejam douradas. Abaixe o fogo; tempere com sal e pimenta-do-reino e, se quiser, com ervas da Provença (veja quadro, página 91). Tampe e cozinhe por 3 a 4 minutos, até que estejam macias. Se não for servir imediatamente, mantenha aquecido por cerca de 15 minutos, sem tampa. Para servir, aumente o fogo até médio-alto e junte uma colherada de cebola e salsinha picadas, mais 1 colher (sopa) de manteiga. Misture por vários minutos e sirva.

MANTEIGA CLARIFICADA — PARA SALTEAR.

O sistema simples: derreta a manteiga e separe o líquido amarelo dos resíduos de leite. O método profissional, que se mantém por mais tempo: aqueça a manteiga sobre fogo lento, numa panela grande, e ferva até que pare de borbulhar; passe o líquido amarelo por uma peneira fina e guarde num vidro, onde vai durar por meses na geladeira ou no freezer.

A melhor panqueca de batatas

Esta é minha versão para aquelas maravilhosas panquecas que Sally Darr servia, nos anos 1960, em seu charmoso restaurante de Nova York, La Tulipe. Para 3 ou 4 batatas grandes, 6 porções. Cozinhe as batatas no vapor por 15 a 20 minutos, até que estejam quase, mas não totalmente, macias. Reserve por algumas horas, até esfriarem completamente. Descasque as batatas e passe por um ralador grosso. Misture com 1 pitada de sal e pimenta-do-reino e divida em 6 porções. Coloque 0,3 cm de manteiga clarificada (veja quadro, página 75) numa frigideira; quando estiver quente, junte 2 ou 3 porções das batatas, pressionando-as ligeiramente com uma espátula, por 4 a 5 minutos. Salteie até ficarem douradas no fundo; vire-as com cuidado e doure do outro lado. Reserve, sem cobrir, e reaqueça brevemente em forno a 220°C.

Variação

Galette de batatas. Forme uma única panqueca com toda a batata ralada e salteie em uma frigideira grande antiaderente. Quando o fundo estiver dourado, vire para dourar do outro lado.

Batata frita

Para 1,3 kg (4 ou 5 unidades) de batatas com cerca de 12 cm de comprimento e 6 cm de largura; 6 porções. Apare as batatas até obter retângulos e corte em tiras com 1 cm de largura. Lave em água fria para remover o amido da superfície. Antes de fritar, escorra e seque muito bem. Aqueça 2 ½ litros de óleo até atingir 160°C. Frite o equivalente a 1 ½ batata de cada vez, por 4 a 5 minutos, até que esteja bem cozida, mas sem dourar. Escorra e espalhe sobre papel toalha. Deixe esfriar por pelo menos 10 minutos (ou até 2 horas, no máximo). Antes de servir, aqueça o óleo a 160°C e frite, em porções, por 1 ou 2 minutos, até que estejam douradas. Remova da panela e escorra em papel toalha. Salgue ligeiramente e sirva imediatamente.

ARROZ

Arroz branco simples

Rende 3 xícaras. Coloque 1 xícara de arroz branco numa panela de fundo pesado; junte 2 xícaras de água fria, 1 colher (chá) de sal e 1 a 2 colheres (chá) de manteiga ou um bom azeite de oliva. Ferva sobre fogo alto e mexa bem; abaixe o fogo, tampe bem a panela e cozinhe, sem mexer, por 12 minutos – 8 minutos se estiver usando arroz arbóreo italiano. O arroz estará pronto quando o líquido for completamente absorvido e buracos de vapor possam ser vistos na superfície dos grãos. O arroz ficará quase macio, com um toque crocante no centro. Deixe descansar por 5 minutos fora do fogo, tampado, para completar o cozimento. Afofe com um garfo de madeira e ajuste os temperos.

Variações

Arroz braseado – risoto (estilo francês). Salteie ¼ xícara de cebola bem picada em 2 colheres (sopa) de manteiga até ficar macia. Junte 1 xícara de arroz e cozinhe, mexendo com uma colher de pau, por 2 a 3 minutos, até os grãos ficarem translúcidos. Adicione 2 colheres (sopa) de vermute branco, francês, 2 xícaras de caldo de frango e 1 folha de louro, e espere ferver. Tempere levemente. Mexa uma vez, abaixe o fogo, tampe a panela e cozinhe como o arroz branco simples.

Arroz selvagem braseado. Para 1 ½ xícara de arroz, 4 xícaras de arroz cozido, 6 a 8 porções. Para limpar e amaciar o arroz, lave bem e escorra, então ferva por 10 a 15 minutos em 4 xícaras de água até que fique tenro, mas ainda consistente no centro. Escorra e lave novamente em água fria. Então proceda como para a receita anterior de arroz braseado, mas substitua a cebola por ¼ xícara de *mirepoix* (veja quadro, página 70) ou cogumelos *duxelles* (página 67). Quando o arroz estiver macio, salteie na panela, mexendo com um garfo de madeira, para que a umidade evapore e o arroz toste ligeiramente; junte, se quiser, mais 1 colher (sopa) de manteiga.

FEIJÕES SECOS

Preliminares para os feijões secos – deixar de molho

Separe 1 xícara de feijão seco, retirando as impurezas, lave muito bem e leve à fervura em 3 xícaras de água. Ferva por exatamente 2 minutos, tampe a panela e retire do fogo; reserve por exatamente 1 hora. Agora os grãos e o líquido estão prontos para o cozimento.

Feijão na panela

Para 1 xícara de feijão seco; rende 3 xícaras, 4 a 6 porções. Acrescente ao feijão da receita anterior, bem como a seu líquido de cozimento, 1 buquê de ervas médio (veja quadro, página 115), 1 cebola e 1 cenoura médias, sem casca, e, se quiser, um pedaço de 5 cm de toucinho branqueado (veja quadro, página 119). Tempere levemente com sal e cozinhe, com a panela parcialmente tampada, por 1 a 1 ½ hora, ou até ficar macio.

Feijão na panela de pressão

Usando os mesmos ingredientes da receita anterior, leve os ingredientes à pressão (15 libras) por exatamente 3 minutos. Remova do fogo e deixe a pressão baixar sozinha – de 10 a 15 minutos.

Feijão na panela elétrica

Não é preciso deixar de molho. Apenas ponha os feijões crus e outros ingredientes na panela elétrica às 18h e ligue em "baixo"; eles devem estar perfeitamente prontos na manhã seguinte. (Ou coloque numa caçarola tampada e asse no forno a 120°C durante a noite toda.)

CARNES, AVES E PEIXES

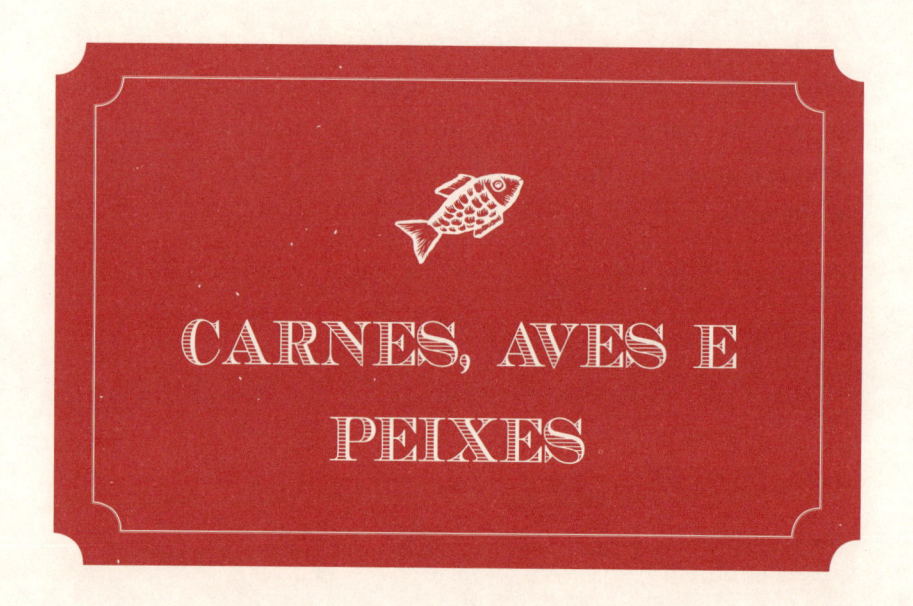

*"Carnes, aves e peixes – tão diferentes,
e tanta gente os cozinha do mesmo jeito."*

SALTEANDO

O jeito mais rápido e fácil de cozinhar uma porção de 1,5 cm de espessura de carne, frango ou peixe é salteando — ou seja, você a seca, coloca numa frigideira quente e cozinha rapidamente de um lado, então do outro, até que esteja belamente dourada e ao ponto. Os sucos da carne ficam caramelizados na frigideira, e isso forma a base de um rápido e delicioso molho de panela. Se a porção for um pouco mais grossa, simplesmente vai precisar de mais tempo de cozimento, e você tampa a frigideira para finalizar. Tipos diferentes de comida requerem modos ligeiramente diferentes de preparo; vamos começar com o salteamento básico e depois passaremos para algumas das variações essenciais.

PARA UM SALTEAMENTO PERFEITO

SEQUE A COMIDA.

Se a carne estiver úmida, vai ferver em lugar de dourar. Seque-a com papel toalha ou, em alguns casos, polvilhe com farinha antes de cozinhar.

AQUEÇA A FRIGIDEIRA.

Coloque a panela ou frigideira sobre fogo alto, adicione manteiga ou óleo e espere até que a manteiga deixe de espumar, ou até que o óleo esteja quase fervendo. Então, e só então, junte a comida. Se a gordura não estiver realmente quente, a carne não vai dourar.

NÃO LOTE A FRIGIDEIRA.

Certifique-se de que haja um pequeno espaço entre os pedaços de comida — cerca de 0,5 cm. Se as porções estiverem muito juntas, elas vão ferver em lugar de dourar. Não caia no conto de colocar muita carne em sua panela. Salteie em 2 ou até 3 etapas se necessário, ou você vai se arrepender.

> **A FRIGIDEIRA.**
>
> Use uma boa frigideira ou panela, uma que não seja nem muito grande nem muito pequena para acomodar a comida. Sou fiel à minha WearEver de confiança, que serve para tudo, feita de alumínio antiaderente, com 25 cm de diâmetro em cima, 20 cm de diâmetro embaixo e um cabo longo. Também tenho uma frigideira menor, com 15 cm de diâmetro, e uma maior ainda, com 30 cm.

Receita básica

Bifes de carne salteados

Rende 4 porções

1 colher (sopa) de manteiga sem sal

1 colher (chá) de azeite de oliva suave ou óleo vegetal — um pouco mais, se necessário

4 filés de carne, bem aparados, com 150 g a 180 g cada e 1,5 cm de espessura (lombo sem osso, contrafilé ou outro)

Sal e pimenta-do-reino moída na hora

Para o molho deglaçado

1 colher (sopa) de cebola picadinha

1 dente de alho espremido, opcional

²/₃ xícara de vinho tinto – ou ½ xícara de vinho branco seco

Vermute francês

⅓ xícara de caldo de carne ou frango

1 a 2 colheres (sopa) de manteiga sem sal

Ponha a frigideira sobre fogo alto e acrescente a manteiga e o óleo. Quando a espuma da manteiga tiver quase desaparecido, junte rapidamente os filés. Frite sem mexer por cerca de 1 minuto, tempere ligeiramente a superfície da carne com sal e pimenta-do-reino e vire os bifes. Tempere do outro lado e deixe dourar por cerca de 1 minuto, testando o ponto.

QUANDO ESTÁ NO PONTO?

Teste rapidamente, e com frequência, porque a carne pode passar do ponto muito rápido. Pressione com o dedo. Se ela estiver mole, como carne crua, está malpassada. À medida que cozinha, vai se tornando elástica — quando ligeiramente elástica, está ao ponto, e, se não ceder de jeito nenhum, está bem passada.

O molho deglaçado. Retire a carne da frigideira e a mantenha coberta, em lugar aquecido, enquanto prepara o molho. Vire a frigideira e remova quase toda a gordura, deixando um pouquinho; junte a cebola e o alho, mexendo com uma colher de pau, e refogue por um momento; junte o vinho e o caldo, mexendo para que o líquido absorva os sucos coagulados da carne. Deixe ferver, rapidamente, por alguns segundos, até que o líquido reduza e fique espesso. Tire do fogo, junte a manteiga e gire a panela, segurando pelo cabo, para que a manteiga se dissolva e seja absorvida pelo líquido. O molho vai ficar homogêneo e engrossar ligeiramente; você não obterá muito mais do que uma colherada pequena de um delicioso suco concentrado para servir por pessoa. Regue os bifes e sirva.

Variações

Escalopes de vitela. Use escalopes de vitela (pedaços do lombo ou do pernil) com 150 g a 180 g e 1,5 cm de espessura. Tempere e doure dos dois lados em manteiga e óleo quentes, como descrito na receita básica. Deglace a panela com cebola picada, vinho branco, um pouco de vinho Madeira ou Porto e uma pitada de estragão.

Peito de frango desossado. Para um salteado rápido, gosto de remover a pele e bater o peito de frango entre duas folhas de filme plástico até deixá-lo com 1,5 cm de espessura. Tempere com sal e pimenta-do-reino, então salteie em manteiga clarificada (página 75). Cozinhe por cerca de 1 minuto de cada lado, até que a carne esteja elástica ao toque — tome cuidado para não cozinhar demais, mas certifique-se de que o frango esteja ao ponto (quando estiver pronto, os sucos estarão amarelados e claros, sem nenhum resquício rosado). Deglace a frigideira como descrito acima, com cebola picada, vermute branco seco, francês, e caldo de frango; uma pitada de estragão vai bem neste molho.

Camarão com limão e alho. Salteie 30 camarões crus, de médios para grandes, limpos e sem casca, em 3 colheres (sopa) de azeite de oliva com 1 ou 2 dentes grandes de alho, espremidos, e a casca ralada (só a parte amarela) de ½ limão siciliano. Quando o camarão se curvar, em cerca de 2 minutos, e estiver elástico ao toque, retire da frigideira e tempere com 2 colheres (sopa) de suco de limão fresco, gotas de molho de soja, sal e pimenta-do-reino a gosto. Mexa e acrescente 2 colheres (sopa) de um bom azeite de oliva fresco e um pouco de salsinha e endro fresco picados.

Vieiras com alho e ervas. Para 700 g, rende 6 porções. Corte as vieiras grandes em três ou quatro pedaços. Tempere com sal e pimenta-do-reino e, imediatamente antes de fritar, polvilhe com farinha de trigo (veja quadro). Aqueça de 2 a 3 colheres (sopa) de manteiga clarificada (veja quadro, página 75) ou azeite de oliva numa frigideira grande, antiaderente, e quando estiver bem quente, mas sem ferver, junte as vieiras. Mexa de vez em quando, girando a panela pelo cabo. Quando as vieiras começarem a dourar, junte 1 dente grande de alho, picado, 1 ½ colher (sopa) de cebola picada e 2 colheres (sopa) de salsinha picada. As vieiras estarão prontas quando se mostrarem elásticas ao toque. Sirva imediatamente.

PROBLEMAS DE TRANSPIRAÇÃO?

As vieiras que você comprar podem muito bem ter sido "inchadas" numa solução salina que transpira quando a carne é aquecida, tornando impossível um salteado perfeito. Se você comprar de um peixeiro, sempre peça por vieiras "secas". Em todo caso, é de bom-tom testá-las aquecendo umas 3 ou 4 numa frigideira antiaderente seca. Se o líquido transpirar, aqueça todas em porções, escorra — reserve o líquido para fazer caldo de peixe —, seque e então salteie, dividindo o tempo de cozimento pela metade.

Hambúrgueres. Às vezes gosto de meus hambúrgueres perfeitamente simples, às vezes gosto de acrescentar a eles algum sabor. Em todo caso, molde-os sem apertar muito em porções de 150 g — com cerca de 1,5 cm de espessura, para um cozimento rápido.

Hambúrgueres simples. Se vou prepará-los na frigideira, esfrego o fundo dela com um pouco de óleo vegetal, aqueço até quase ferver e salteio os hambúrgueres por cerca de 1 minuto de cada lado. Testo o ponto apertando com o dedo, como na receita básica — gosto dos meus um pouco malpassados, quando estão começando a ficar elásticos. Em lugar de usar a frigideira, contudo, recomendo uma grelha estriada que possa ser usada no fogão. Unte levemente, aqueça muito bem e grelhe os hambúrgueres. A gordura vai se desprender da carne e escorrer pelas estrias da grelha.

Hambúrgueres condimentados. Para 4 hambúrgueres, misture à carne 1 cebola de tamanho médio, ralada, sal e pimenta-do-reino, 3 colheres (sopa) de creme azedo e ½ colher (chá) de ervas misturadas, como italianas ou provençais. Imediatamente antes de fritar, passe por farinha de trigo, chacoalhando para tirar o excesso. Salteie dos dois lados em óleo quente e faça um molho como descrito na receita básica.

POLVILHAR OU NÃO POLVILHAR

Polvilhar a comida com uma fina camada de farinha de trigo antes de saltear ajuda a manter a carne íntegra e confere a ela uma leve camada protetora. Você terá pouca ou nenhuma caramelização na panela, e como molho pode fazer um pouco de manteiga dourada, como para os filés de peixe *meunière*, abaixo. Ou então, se usar um pedaço de carne mais alto, que exija mais tempo no fogo, cozinhe no vinho e no caldo — desta forma, a cobertura de farinha contribui para engrossar o molho.

Fígado de vitela com cebola

Para 4 fatias de fígado, cada uma com 150 g e 1 cm de espessura.

Refogue em fogo baixo 3 xícaras de cebolas em fatias na manteiga e no óleo; quando estiverem macias e translúcidas, aumente o fogo e deixe as cebolas dourarem levemente por alguns minutos. Reserve numa vasilha. Imediatamente antes de fritar, tempere o fígado e polvilhe suavemente com farinha de trigo, chacoalhando para tirar o excesso. Junte um pouco mais de manteiga e óleo na frigideira, aqueça até que a espuma comece a desaparecer e frite o fígado por menos de 1 minuto de cada lado — ele ainda vai cozinhar mais e precisa ser servido antes do ponto. Retire a panela do fogo, espalhe as cebolas cozidas sobre o fígado e junte ½ xícara de vinho tinto ou vermute branco seco, francês. Misture ½ colher (sopa) de mostarda tipo Dijon com ¼ xícara de caldo de frango e acrescente à panela. Sobre fogo moderado, espere começar a ferver, regando o fígado e as cebolas por 1 ou 2 minutos. O fígado estará no ponto quando se tornar ligeiramente elástico ao toque.

Filés de linguado *meunière*

Para 4 filés com 1,3 cm de espessura, de 150 g a 180 g cada.

Antes de saltear, tempere o peixe com sal e pimenta-do-reino e passe pela farinha de trigo, chacoalhando para tirar o excesso. Aqueça a manteiga e o óleo numa frigideira até que a espuma comece a desaparecer; junte os filés e frite por cerca de 1 minuto de cada lado, até que o peixe comece a se tornar elástico ao toque. Não cozinhe demais — se o peixe se desmanchar, passou do ponto. Remova para um prato aquecido e polvilhe com salsinha picada. Rapidamente, limpe a frigideira com papel toalha (para que os resíduos de farinha não deixem a manteiga marcada; ou use uma frigideira limpa). Aqueça 2 colheres (sopa) de manteiga sem sal na frigideira, gire a panela para espalhar e aqueça até que esteja ligeiramente dourada. Retire do fogo, junte o suco de ½ limão e, se quiser, acrescente uma colherada de alcaparras antes de regar o peixe com a manteiga quente.

Costeletas de porco

Quando a carne tem mais do que 1,5 cm de espessura, demora mais para cozinhar — o que significa que você pode queimá-la por fora antes que ela esteja no ponto. Você tem duas escolhas. Ou doure a carne de ambos os lados e leve ao forno a 190°C para terminar o cozimento — funciona muito bem para bifes, costeletas e peixe — ou doure a carne sobre fogo alto e termine com a panela tampada, à medida que ela cozinha em seu molho.

Para 4 costeletas com cerca de 3 cm de espessura. Primeiro, deixe-as por 30 minutos numa marinada seca: esfregue com um pouco de sal e pimenta-do-reino, pimenta-da-jamaica e tomilho seco. Enxugue as costeletas e doure dos dois lados. Então junte ¾ xícara de vermute branco seco, ½ xícara de caldo de frango e 2 colheres (sopa) de cebola picada. Tampe a panela e deixe ferver em fogo baixo, pincelando a carne com o líquido a cada 4 ou 5 minutos, até que esteja no ponto — ligeiramente rosada. A melhor maneira de testar é fazendo um corte numa costeleta, próximo ao osso. Transfira a carne para um prato quente e descarte a maior parte de gordura que ficou na panela. Reduza o líquido até ficar espesso e regue as costeletas com ele.

Costeletas grossas de vitela

Cozinhe da mesma maneira que as costeletas de porco, mas exclua a marinada apimentada. Um pouco de estragão vai bem no líquido do cozimento, e acrescente um pouco de manteiga ao molho quando ele atingir a consistência ideal.

Sauté de filé *mignon*

Corte a carne em pedaços de 5 cm – você provavelmente vai precisar de 3 pedaços, ou cerca de 180 g, por porção. Depois de secá-la, doure a carne de todos os lados por vários minutos em manteiga quente e óleo, até começar a ficar elástica ao toque — ela deve permanecer malpassada. Transfira para um prato e tempere com sal e pimenta-do-reino. Deglace a panela com ¼ xícara de vinho Madeira seco ou Porto e junte ½ xícara de creme de leite fresco. Devolva a carne à panela. Espere ferver e cozinhe por alguns minutos, pincelando a carne com o molho, que vai engrossar ligeiramente. Sirva em pratos aquecidos e decore com ramos de salsinha fresca.

Sauté de lombinho suíno

Use o mesmo método, mas inclua a marinada seca sugerida para as costeletas de porco, acima. Talvez você prefira excluir o creme de leite, usando caldo de frango em vez dele.

Frango salteado em vinho branco

Para 1,15 kg a 1,4 kg de pedaços de frango, suficiente para 4 pessoas. Doure os pedaços de frango de todos os lados em manteiga quente e óleo. Reserve as asas e o peito, que precisam de menos cozimento. Tempere as coxas e sobrecoxas, tampe a panela e cozinhe sobre fogo moderado por 10 minutos, virando os pedaços de frango uma vez. Tempere a carne branca e adicione à panela. Junte 1 colher (sopa) de cebola picada, ⅔ xícara de caldo de frango, ½ xícara de vinho ou vermute branco seco e ½ colher (chá) de estragão seco ou ervas da Provença (veja quadro). Tampe a panela e cozinhe em fogo baixo por mais 5 ou 6 minutos; vire os pedaços de frango e pincele com o líquido; cozinhe até estar macio, por cerca de 25 minutos no total. Transfira o frango para um prato aquecido. Com uma colher, retire o excesso de gordura da panela; ferva o líquido até reduzir pela metade. Fora do fogo, junte manteiga, regue o frango com o molho e sirva.

> ### QUANDO O FRANGO ESTÁ NO PONTO?
> A carne da coxa e da sobrecoxa mostra-se macia quando pressionada. Os sucos saem claros, amarelados, quando a carne é espetada — o frango deve ser cozido ao ponto, mas se não sair nenhum suco é sinal de que ele cozinhou demais.

Variações

Um toque provençal. Depois de volver a carne branca à panela, junte 2 xícaras de polpa fresca de tomate, página 64, e siga com o restante da receita. Quando transferir todo o frango para um prato aquecido, ferva o molho até engrossar e acerte, cuidadosamente, o tempero.

***Pipérade* de frango.** Numa panela separada, refogue em azeite de oliva 1 xícara de cebola em fatias até ficar macia. Junte 1 xícara (cada) de pimentão vermelho e verde em fatias e 1 dente grande de alho, picado. Refogue tudo junto por instantes. Acrescente ao frango quando colocar a carne branca de volta à panela.

***Bonne femme* – cebola, batata e cogumelo.** Depois de retirar a carne branca da panela, junte ao molho 3 ou 4 batatas médias, cortadas em quartos e branqueadas, e 8 a 12 pequenas cebolas brancas (página 62). Siga com o restante da receita. Depois de volver a carne branca à panela, acrescente 1 ½ xícara de cogumelos frescos cortados em quartos, previamente refogados, e finalize a receita.

> **ERVAS DA PROVENÇA — *HERBES DE PROVENCE.***
> Uma mistura de ervas secas moídas, como louro, tomilho, alecrim e orégano.

GRELHANDO

Grelhar no forno elétrico, quando o calor vem de cima, é obviamente o oposto de grelhar na churrasqueira, onde a fonte de calor vem de baixo. Grelhar no forno, porém, tem a vantagem de permitir mais controle: você pode aumentar ou diminuir a temperatura, ou mover a comida para mais perto ou longe do *grill*. Em alguns casos, você simplesmente grelha dos dois lados até que o alimento esteja completamente cozido, e em outros vai perceber que grelhar apenas de um lado é suficiente. Em outras ocasiões, também, especialmente quando lida com algo grande, como um frango aberto, você pode grelhar e dourar os dois lados, mas terminar o cozimento no forno a gás — é muito conveniente quando seu forno serve tanto para grelhar como para assar. Não há regras, e a decisão é sua. Eis alguns exemplos.

Receita básica

Frango aberto grelhado
Rende 4 porções

Em vez de grelhar um frango em pedaços (o que é fácil, mas não muito excitante) ou de assá-lo inteiro (que leva 1 hora ou mais), trabalhe com o frango aberto. Ele cozinha em metade do tempo e fica muito apresentável.

1 frango de 1,1 kg a 1,3 kg, aberto

2 colheres (sopa) de manteiga misturadas com 2 colheres (chá) de óleo vegetal

Sal e pimenta-do-reino moída na hora

½ colher (chá) de tomilho seco ou uma mistura de ervas

Para o molho deglaçado

1 colher (sopa) de cebola picada

½ xícara de caldo de frango e/ou vinho branco seco ou vermute

1 a 2 colheres (sopa) de manteiga, para enriquecer

PARA ABRIR UM FRANGO.

Com uma tesoura pesada ou uma faca com lâmina grande, corte perto do osso das costas, dos dois lados, e remova o osso. Abra o frango, com o lado da pele para cima, e dê um soco no peito, com a mão fechada, para achatar a ave. Corte e descarte a ponta que sai da junta das asas e dobre-as para o lado de fora. Para manter as coxas no lugar, faça cortes de 1,5 cm nas laterais do peito e encaixe neles o osso de cada coxa.

Preaqueça o *grill* do forno em "alto". Pincele todo o frango com manteiga e óleo e coloque numa assadeira com o lado da pele para baixo. Coloque sob o *grill* do forno, a cerca de 15 centímetros da fonte de calor. Grelhe por cerca de 5 minutos, então pincele novamente com manteiga e óleo, e continue a grelhar por mais 5 minutos. A superfície deve estar ficando agradavelmente dourada; se não estiver, ajuste o calor ou a distância entre o frango e o *grill*. Pincele novamente, agora com os sucos acumulados na assadeira, e grelhe por mais 5 minutos. Então tempere com sal e pimenta-do-reino, vire o frango com o lado da pele para cima e tempere o outro lado. Continue a grelhar, pincelando com os sucos da assadeira a cada 5 minutos, por mais 10 a 15 minutos, até que o frango esteja pronto (veja quadro, página 90).

Transfira o frango para uma tábua de cortar e deixe descansar por 5 minutos. Enquanto isso, prepare o molho deglaçado, primeiro retirando a gordura da assadeira. Então junte a cebola à assadeira e ferva em fogo baixo, sob a chama do fogão, por cerca de 1 minuto, até que os sucos obtenham a consistência de um xarope. Misture a manteiga, regue o frango com o molho, e sirva.

Variações

Frango aberto grelhado e assado — peru também. Grelhar/assar um frango grande de 2,7 kg a 3,1 kg ou um peru de 5,4 kg, abertos, leva, novamente, metade do tempo que você precisaria para assá-los inteiros. Use exatamente o mesmo sistema que para o frango grelhado, exceto quando, depois de dourar o primeiro lado e começar a dourar o lado com a pele voltado para cima, deve passar para o forno convencional. Termine o cozimento no forno — gosto de assar a 180°C. Uma ave de 2,7 kg a 3,1 kg leva de 1 hora a 1 ¼ hora; um peru de 5,4 kg, cerca de 2 horas. Para mais detalhes, veja o quadro com tempos para grelhar e assar.

FRANGO E PERU: TAMANHOS E TEMPO APROXIMADO DE COZIMENTO EM *GRILL*/FORNO

Para garantir, sempre considere 20 a 30 minutos adicionais.
Frango aberto
  1,8 kg a 2,1 kg / 45 minutos a 1 hora
  2,2 kg a 2,7 kg / 1 a 1 ¼ hora
Peru aberto
  3,6 kg a 5,4 kg / 1 ½ a 2 horas
  5,4 kg a 7,2 kg / 2 a 2 ½ horas
  7,2 kg a 9 kg / 2 ½ a 3 horas

Galeto apimentado. Para 2 aves, serve 4 pessoas. Abra as aves e grelhe como na receita básica, por apenas 10 minutos de cada lado. Enquanto isso, prepare um molho tipo maionese, batendo, juntos, ⅓ xícara de mostarda tipo Dijon, 1 chalota picada, pitadas de estragão ou alecrim seco, gotas de Tabasco e 3 colheres (sopa) dos sucos da assadeira. Pincele com o molho a pele dos galetos e cubra as aves com uma camada de migalhas de pão fresco. Regue com os sucos restantes. Termine o cozimento sob o *grill* do forno.

MIGALHAS DE PÃO FRESCO.

Sempre que uma receita pedir por migalhas de pão, prepare as suas a partir de pão fresco. Remova a casca, corte o pão em pedaços de 5 cm e pulse — não mais do que 2 xícaras de cada vez — num processador de alimentos (ou 1 xícara por vez no liquidificador). É muito útil preparar bastante e congelar o que não será usado imediatamente.

Postas de peixe grelhadas – com cerca de 2 cm de espessura

Para salmão, peixe-espada, atum, anchova e outros. Aqui, você se concentra em dourar o lado de cima do peixe; não precisa virar. Seque as postas, pincele os dois lados com manteiga derretida ou óleo vegetal e tempere com sal e pimenta-do-reino. Arrume numa assadeira rasa que as acomode confortavelmente. Regue com vinho branco seco ou vermute francês até atingir 2 cm da assadeira e coloque a travessa em um *grill* ou forno preaquecido. Depois de 1 minuto, pincele cada posta com um pouco de manteiga amolecida e pingue gotas de limão. Grelhe por cerca de 6 minutos ou mais, ou até que o peixe esteja ligeiramente elástico ao toque — cozido ao ponto, mas ainda suculento. Sirva regando as postas com os sucos da assadeira.

Variações

Postas mais grossas de peixe – 2,5 cm a 5 cm. Grelhe até ficarem agradavelmente douradas, então termine no forno a 190°C.

Filés de peixe. Para salmão, bacalhau, pescada, cavalinha, truta. Mantenha a pele, para que o peixe não perca a forma durante o cozimento, e siga as instruções anteriores para posta de peixe.

Brochetes de cordeiro

Corte uma carne de cordeiro de qualidade, como pernil ou lombo, em pedaços de 4 cm. Você pode mariná-los por algumas horas ou da noite para o dia, como sugerido abaixo; ou tempere e unte a carne. Enfie os pedaços de cordeiro em espetos, alternando a carne com pedaços quadrados de bacon branqueado (veja quadro, página 119) e um pedaço de folha de louro. Disponha sobre uma assadeira untada ou sobre uma grade. Grelhe a 5 cm do calor, virando a cada 2 minutos, várias vezes, até que a carne esteja elástica ao toque.

MARINADA DE ERVAS E LIMÃO PARA CORDEIRO OU CARNE DE VACA.

Eis uma fórmula básica que você pode variar como quiser. Para cada 900 g de carne, misture os seguintes ingredientes numa tigela: 2 colheres (sopa) de suco de limão espremido na hora, 1 colher (sopa) de molho de soja, 1 colher (chá) de alecrim, tomilho, orégano ou ervas da Provença (veja quadro, página 91), moídas, 2 dentes grandes de alho, espremidos, e ¼ xícara de óleo vegetal.

ÓLEOS — PARA COZINHAR, ACRESCENTAR SABOR E USAR EM SALADAS.

Use óleos frescos e de sabor neutro para cozinhar, como azeite de oliva, canola ou outros óleos vegetais. Para acrescentar sabor ou ser usado em saladas, o azeite de oliva pode ser suave ou frutado. Teste diversos deles até encontrar a marca, ou as marcas, de que gostar mais.

Fraldinha Grelhada

Para manter a forma da carne enquanto cozinha, use a ponta de uma pequena faca afiada para fazer leves cortes diagonais, com 0,3 cm de profundidade, dos dois lados da peça. Se quiser, coloque na marinada (veja quadro) por ½ hora ou até 2 dias; ou tempere com sal, pimenta-do-reino e um pouco de molho de soja, e pincele com óleo vegetal. Coloque perto do *grill* do forno por 2 a 3 minutos de cada lado, até que comece a ficar elástica ao toque — para carne malpassada. Para servir, corte em fatias finas, na diagonal.

Hambúrgueres grelhados

Prepare como descrito na receita para hambúrgueres salteados (página 85), mas exclua a camada de farinha de trigo. Pincele com óleo e coloque perto do *grill* quente por 1 a 2 minutos de cada lado — quando começarem a ficar elásticos ao toque, estão ainda um pouco malpassados. Você pode cobri-los com uma das manteigas condimentadas do quadro na página 99.

Pernil de cordeiro aberto

Meia hora – ou um dia – antes de cozinhar, apare o excesso de gordura e ajeite o pernil com o lado da membrana voltado para baixo. Faça cortes no sentido do comprimento nos dois grandes pedaços da carne e pressione para abri-la. Pincele com marinada (veja quadro, página 96) ou tempere com sal, pimenta-do-reino e alecrim ou ervas da Provença (veja quadro, página 91); unte dos dois lados. Coloque sob o *grill* quente, numa distância de 15 a 20 cm, e doure por cerca de 10 minutos de cada lado, pincelando com óleo. (Essa fase pode ser concluída cerca de 1 hora antes de servir. Veja quadro.) Termine de cozinhar no forno a 190°C, assando por 15 a 20 minutos, até que um termômetro de cozinha marque 60°C, para a carne um pouco malpassada. Deixe descansar por 10 a 15 minutos antes de trinchar, para permitir que a carne absorva os sucos do cozimento.

> GRELHAR/ASSAR COM ANTECEDÊNCIA.
>
> Uma peça grande de carne, como um frango aberto, ou pernis de porco ou cordeiro sem osso, também abertos, pode ser dourada com uma certa antecedência. Então cubra com folga e deixe em temperatura ambiente até finalizar o cozimento.

Lombo de porco aberto, assado e grelhado

Aqui você assa primeiro, até que a carne esteja quase no ponto, e finaliza sob o *grill* para dourar e deixar a superfície crocante. Para 8 pessoas, compre um lombo de porco desossado com 1,5 kg e desamarre: ele já está aberto. Remova o excesso de gordura, mas deixe uma camada de 0,5 cm por cima. Faça cortes nas partes mais grossas da carne, no sentido do comprimento, para deixá-la mais homogênea, e esfregue com uma marinada seca (veja quadro) ou com sal, pimenta-do-reino, pimenta-da-jamaica e louro em pó. Pincele a carne com óleo, cubra e deixe na geladeira da noite para o dia. Asse com o lado da gordura para cima, por cerca de 1 hora, no forno a 190°C, até que um termômetro de cozinha marque 60°C. Meia hora antes de servir, faça cortes decorativos no lado com a gordura e esfregue cerca de ½ colher (sopa) de sal grosso. Doure sob o *grill* baixo até que a temperatura interna atinja cerca de 70°C.

MARINADA SECA PARA PORCO, GANSO E PATO.

Misture num vidro com tampa os seguintes temperos moídos e use ½ colher (chá) para cada 450 g de carne. Para cerca de 1 ¼ xícara: 2 colheres (sopa), cada, de cravo-da-índia, macis, noz-moscada, páprica, tomilho e louro; 1 colher (sopa), cada, de pimenta-da-jamaica, canela e segurelha; 5 colheres (sopa) de pimenta-do-reino branca em grãos.

PROPORÇÕES DE SAL.

Em geral, a proporção de sal que deve ser usada em líquidos é de 1 ½ colheres (chá) por litro. A proporção de sal para carne crua é de ¾ a 1 colher (chá) por 450 g.

> **MANTEIGA TEMPERADA — PARA CARNES GRELHADAS, PEIXE E FRANGO.**
>
> Para fazer a clássica *maître d'hôtel*, misture gotas de suco de limão em um tablete de manteiga amolecida sem sal, juntando 1 colher (chá), cada, de cebola picadinha e salsinha, mais sal e pimenta-do-reino a gosto. Outras alternativas são adicionar alho espremido, anchovas, mostarda tipo Dijon, cebolinha ou outras ervas, e assim por diante. Faça uma quantidade grande, enrole no formato de uma salsicha, embrulhe e congele; está pronta para uso instantâneo.

ASSANDO

Assar significa cozinhar a comida no forno, geralmente numa travessa aberta – às vezes tampada, mas sem um líquido. Assar com um líquido tem o nome oficial de brasear. Assar é certamente o jeito mais prático de cozinhar um frango ou peru inteiros, filé de costela bovina, pernil de cordeiro, e por aí vai. Felizmente, um assado é um assado é um assado — todos são preparados mais ou menos da mesma forma. Reserve bastante tempo. Sempre preaqueça o forno pelo menos 15 minutos antes de começar e teste a temperatura com um termômetro de carne 10 a 15 minutos antes do tempo estimado para o cozimento total. Lembre-se de que um assado precisa de 15 a 20 minutos de descanso antes de ser fatiado, para permitir que os sucos quentes que estão transbordando voltem para dentro da carne. Um assado grande vai permanecer aquecido por uns 20 minutos, pelo menos, antes de ser cortado, então planeje de acordo. Nota: todos os tempos de cozimento são para fornos convencionais.

Receita básica

Filé de costela assado

Para um corte com 3,6 kg (e 3 ossos); serve 6 a 8 pessoas

Tempo de forno a 160°C: cerca de 2 horas para um pouco antes do ponto — temperatura interna de 50°C a 55°C (cerca de 15 minutos por 500 g)

1 colher (sopa) de óleo vegetal

Sal e pimenta-do-reino moída na hora

Para o molho deglaçado

½ xícara (cada) de cenoura e cebola, picadas

½ colher (chá) de tomilho seco

½ xícara de tomate fresco, picado

2 xícaras de caldo de carne

Preaqueça o forno a 160°C. Esfregue as partes expostas da carne com o óleo e uma pitada de sal. Coloque o filé de costela para baixo, numa assadeira, e leve à parte inferior do forno preaquecido. Depois de 30 minutos, pincele a carne com a gordura que se desprendeu, arrume a cenoura e a cebola na assadeira e regue-as também com a gordura. Continue a assar, pincelando os ingredientes de vez em quando, até que o termômetro marque de 50°C a 55°C na parte mais larga da carne. Retire o filé de costela da assadeira. Com uma colher, retire a maior parte da gordura que ficou na assadeira. Junte o tomilho e o tomate, raspando os sucos coagulados da carne com uma colher. Acrescente o caldo de carne e ferva por vários minutos, para concentrar o sabor. Acerte os temperos e coe para uma molheira morna.

CARNE ASSADA: TAMANHOS E TEMPOS APROXIMADOS DE FORNO PARA FICAR UM POUCO ANTES DO PONTO (50°C A 55°C)

5 ossos, 5,4 kg / 12 a 16 porções / cerca de 3 horas a 160°C
4 ossos, 4,3 kg / 9 a 12 porções / cerca de 2h20 a 160°C
3 ossos, 3,6 kg / 6 a 8 porções / cerca de 2 horas a 160°C
2 ossos, 2 kg / 5 a 6 porções / cerca de 15 minutos a 230°C, 45 minutos a 160°C

CARNE ASSADA: TEMPERATURAS E MINUTOS POR PESO

Malpassado, 48°C, 12 a 13 minutos por 450 g
Pouco antes do ponto, 51°C a 55°C, cerca de 15 minutos por 450 g
Ao ponto, 60°C, 17 a 20 minutos por 450 g

Assado de contrafilé bovino

Um contrafilé sem osso de 2 kg serve 8 a 10 porções. Tempo: 1 ¼ a 1 ½ hora; asse a 220°C por 15 minutos, então a 175°C até a temperatura interna atingir 48°C (malpassado) ou 51°C (um pouco antes do ponto). (É a circunferência da carne que vai definir o tempo; portanto, cortes de todos os comprimentos levam quase o mesmo tempo — um pouco mais, um pouco menos, dependendo do peso.) Unte e salgue a carne dos dois lados e asse com o lado mais gorduroso para cima numa grade untada; distribua ½ xícara de cebola e cenoura picadas na assadeira, na metade do tempo. Prepare o molho como indicado na receita básica.

Assado de filé *mignon*

Um filé *mignon* sem osso de 1,8 kg serve 6 a 8 porções. Tempo: 35 a 45 minutos a 200°C, até a temperatura interna atingir 48°C (malpassado) ou 51°C (um pouco antes do ponto). Imediatamente antes de assar, salgue a carne, ligeiramente, e pincele com manteiga clarificada. Asse na parte superior do forno; vire e pincele com manteiga clarificada a cada 8 minutos. Para sugestões de molho, veja receitas a seguir.

> **MOLHO SIMPLES DE RAIZ-FORTE — ESPECIALMENTE PARA CARNE ASSADA.**
>
> Bata 2 colheres (sopa) de mostarda tipo Dijon com 5 colheres (sopa) de raiz-forte preparada (a partir de pasta ou pó). Junte cerca de ½ xícara de creme azedo e tempere com sal e pimenta-do-reino a gosto.

Pernil de cordeiro assado

Um pernil de 3,1 kg, com quadril e lombo removidos, pesando cerca de 2,3 kg, para 8 a 10 porções. Tempo: cerca de 2 horas em forno a 180°C, até a temperatura interna atingir 60°C (um pouco antes do ponto), 51°C a 55°C (malpassado) e 48°C (sangrando). Antes de assar, você pode perfurar a carne em uma dúzia de lugares e ajeitar, nos furos, fatias de alho; então pincele a superfície do pernil com óleo ou com um tempero de alho, ervas e mostarda (veja quadro, página 104). Asse com o lado mais gorduroso para cima num forno preaquecido, como descrito na receita básica, pincelando a cada 15 minutos com a gordura acumulada. Depois de 1 hora, junte ½ xícara de cebola picada e vários dentes grandes de alho amassados, com casca. Prepare o molho como descrito na receita básica, juntando ½ colher (chá) de alecrim e 2 xícaras de caldo de frango. Veja também os molhos a seguir, para outras sugestões.

UM MOLHO SIMPLES PARA CORDEIRO.

Peça para cortar ou serrar os ossos do quadril e do rabo (e mais outras aparas, se disponíveis) em pedaços de 1,5 cm, e doure em um pouco de óleo, numa panela pesada, com cenoura, cebola e salsão picados. Polvilhe 1 colher (sopa) de farinha de trigo e mexa por 1 ou 2 minutos. Junte 1 tomate picado, 1 folha de louro e 1 pitada generosa de alecrim, mais caldo de frango e água suficientes para cobrir tudo. Cozinhe em fogo baixo, com a panela parcialmente tampada, por 2 horas, juntando mais líquido se necessário. Coe, retire o excesso de gordura e ferva para reduzir e concentrar o sabor. Use este líquido, mais ½ xícara de vinho branco seco, para fazer um molho deglaçado.

Molho simples para carne e frango. Siga o mesmo método geral para outros molhos de carne e aves, usando ossos e aparas bovinas ou de frango, outras ervas e caldo de carne em lugar do caldo de frango, como for mais apropriado.

Molho de Porto ou Madeira. Use exatamente o mesmo sistema, substituindo o vinho branco seco por Porto seco ou vinho Madeira.

NOTAS SOBRE A CARNE DE CORDEIRO.

Tanto faz se você comprar o pernil inteiro, o músculo ou o lombo — eles devem ser assados do mesmo jeito. O pernil é muito mais fácil de fatiar quando os ossos forem removidos. Não compre uma perna inteira que pese mais do que 3,5 kg, a não ser que você saiba que ela foi maturada de forma apropriada; de outra forma, pode estar desconfortavelmente dura.

Costela de cordeiro

2 costelas servem 4 ou 5 pessoas, 2 a 3 costeletas por pessoa. Se as costelas já não estiverem com os ossos expostos, retire a carne gordurosa que fica entre eles e as costeletas. Faça cortes rasos no lado com a gordura e pincele com a cobertura de mostarda (veja quadro). Asse por 10 minutos a 260°C, polvilhe sobre a carne ½ xícara de migalhas de pão fresco (página 94) e regue com um pouco de manteiga derretida. Asse por mais 20 minutos, ou até que a temperatura interna atinja 51°C, para um malpassado vermelho, ou 60°C, para um malpassado rosado. Deixe descansar por 5 minutos antes de cortar em costeletas.

COBERTURA DE ALHO, ERVAS E MOSTARDA.

Bata até obter uma consistência semelhante à da maionese: ⅓ xícara de mostarda tipo Dijon, 3 dentes grandes de alho espremido, 1 colher (sopa) de molho de soja, ½ colher (chá) de alecrim moído e 3 colheres (sopa) de azeite de oliva suave. Espalhe por cima de todo o pernil de cordeiro e deixe marinar por ½ hora, ou cubra e deixe na geladeira por várias horas, ou da noite para o dia. Usando esta cobertura, não há necessidade de pincelar a carne e você terá pouco, ou nenhum, suco do cozimento; talvez você queira preparar um molho à parte, como descrito na página 103.

Lombo de porco assado

Um lombo desossado de 1,8 kg, serve 8 a 10 porções. Tempo: 2 ¼ a 2 ½ horas a 175°C, até a temperatura interna atingir 70°C. Compre o corte central do lombo, dobrado ao meio e amarrado com o lado da gordura voltado para fora, para obter um assado com cerca de 12 cm de circunferência. Recomendo usar a marinada seca da página 98. Desamarre o lombo e esfregue a marinada sobre toda a carne, usando ¼ colher (chá) por 450 g de lombo. Faça cortes rasos no lado com a gordura e amarre a carne novamente. Cubra e deixe na geladeira por 1 hora, ou até 48 horas. Asse, pincelando a carne de vez em quando, como na receita básica, e depois de 1 ½ hora junte à assadeira ½ xícara (cada) de cenoura e cebola picadas, mais 3 dentes grandes de alho amassado e com casca. Prepare o molho como descrito acima, ou faça um molho de vinho do Porto (veja quadro, página 103).

Variações

Presunto fresco assado (pernil de presunto). Um pernil de 3 kg a 3,6 kg, serve 20 a 24 porções. Tempo: cerca de 3 ½ horas, a 220°C por 15 minutos e depois a 175°C, até a temperatura interna atingir 70°C. É recomendável marinar primeiro: desamarre o pernil e deixe numa marinada por 2 dias, como descrito para o lombo assado; amarre novamente. Depois de dourar a carne por 15 minutos, proteja as áreas que não estão cobertas por gordura arranjando sobre elas 8 a 10 fatias de bacon branqueado (página 119). Continue a assar a 175°C, como na receita para o lombo, acrescentando os legumes depois de 2 ½ horas. Remova as fatias de bacon nos 30 minutos de cozimento final. O molho de vinho do Porto (veja quadro, página 103) cai bem aqui.

Presunto defumado assado. Ele vem parcial ou completamente cozido. Siga as instruções da embalagem para assar. Eu prefiro cozinhar em vinho, como descrito na página 117.

Bolo de carne

Não importa se você o prepara numa forma de bolo inglês ou direto na assadeira: bolo de carne é um sucesso, assim como seu primo, o patê, é um favorito da França. Por serem tão próximos, considero que um é a variação de outro, e aqui estão dois dos meus preferidos.

BOLO DE CARNE BOVINA E SUÍNA.

Para uma forma com capacidade para 2 litros (12 porções), salteie 2 xícaras de cebola picada em 2 colheres (sopa) de óleo até que estejam macias e translúcidas; aumente o fogo e doure ligeiramente. Transfira para uma tigela e misture com 1 xícara de migalhas de pão fresco (veja quadro, página 94), 1 kg de acém bovino moído, 500 g de paleta de porco moída, 2 ovos, ½ xícara de caldo de carne, ⅔ xícara de queijo cheddar ralado, 1 dente de alho grande espremido, 2 colheres (chá) de sal, ½ colher (chá) de pimenta-do-reino, 2 colheres (chá), cada, de tomilho e páprica, 1 colher (chá), cada, de pimenta-da-jamaica e orégano. Para testar o tempero, frite uma colherada da mistura. Transfira para uma forma de bolo inglês untada, com capacidade para 2 litros, e cubra com 2 folhas de louro. Asse por cerca de 1 ½ hora a 175°C até que os sucos saiam quase totalmente claros e o bolo de carne esteja elástico ao toque. Sirva quente com molho de tomate, página 65, ou espere esfriar e refrigere.

Variação

Patê francês campestre. Para uma forma com capacidade para 6 xícaras (8 a 10 porções). Salteie ⅔ xícara de cebola picada em 2 colheres (sopa) de manteiga até que estejam macias e translúcidas. Misture com 500 g de linguiça (só a carne), 350 g de peito de frango moído, 250 g de fígado bovino ou suíno, 1 xícara de migalhas de pão fresco (veja quadro, página 94), 1 ovo, ⅓ xícara de queijo de cabra ou *cream cheese*, 1 dente de alho médio espremido, 3 colheres (sopa) de conhaque, 1 colher (sopa) de sal, ¼ colher (chá), cada, de pimenta-da-jamaica, tomilho, louro e pimenta-do-reino, moídos. Para testar o tempero, frite uma colherada da mistura. Transfira para uma forma de bolo inglês untada e cubra com papel-manteiga e papel-alumínio. Coloque a forma numa assadeira grande com água fervente e asse por 1 ¼ a 1 ½ hora, até que os sucos saiam quase totalmente claros. Deixe descansar por 1 hora e, então, coloque por cima da forma uma tábua ou assadeira e, em cima dela, um peso de 2,5 kg (como enlatados). Quando estiver fria, cubra e leve à geladeira. Espere "curar" por 1 ou 2 dias antes de servir.

Frango assado

Um frango de 1,5 kg a 1,8 kg serve 4 ou 5 pessoas. Tempo: 1h10 a 1h20, a 220°C por 15 minutos e depois a 175°C, até a temperatura interna atingir 75°C. (Leia a dica a seguir.) Antes de assar, lave o frango, rapidamente, em água quente e seque-o completamente. Retire o "ossinho da sorte" para conseguir cortar melhor o frango, depois. Tempere a cavidade da ave com sal e pimenta-do-reino e, se quiser, 1 limão em fatias finas, 1 cebola pequena e um punhado de folhas de salsão. Salgue o frango, ligeiramente, por fora e esfregue com manteiga amolecida. Amarre, juntas, as extremidades das coxas e acomode o peito do frango numa grade untada, dobrável, em forma de V (ou amarre as asas para fora e disponha o frango numa grade reta, untada). Depois de dourar por 15 minutos no forno quente, reduza a temperatura para 180°C, regue rapidamente o frango com o líquido acumulado na assadeira e continue a assar, regando a cada 8 ou 10 minutos. Depois de 30 minutos, junte à assadeira ½ xícara (cada) de cenoura e cebola picadas, regando-as com o líquido. Quando o frango estiver pronto, prepare o molho como descrito na receita básica.

ATENÇÃO: Por causa da possível existência de bactérias perigosas no frango cru, certifique-se de lavar todos os utensílios e superfícies que a ave tenha tocado.

QUANDO UM FRANGO ASSADO ESTÁ PRONTO?

Quando um termômetro de leitura instantânea, inserido entre a sobrecoxa e o peito, marcar de 73°C a 76°C, as coxas se moverem em suas cavidades, a parte mais grossa das coxas estiver macia ao ser pressionada e quando saírem sucos amarelados e claros da carne espetada fundo com um garfo. Quando você segura o frango com o peito para cima, as últimas gotas de suco que escorrerem dele também serão amarelo-claras.

MIÚDOS — FÍGADO, MOELA E PESCOÇO.

Use a moela e o pescoço para fazer um caldo de frango leve (página 17). Insira o fígado na cavidade da ave e asse junto com o frango, ou congele para preparar fígado de frango salteado ou um patê francês.

O TEMPO DE ASSAR UM FRANGO.

Conte com 45 minutos básicos, mais 7 minutos a cada 450 g de carne. Em outras palavras, um frango de 1,4 kg leva os 45 minutos básicos mais 21 minutos (7 x 3), o que equivale a 66 minutos, ou pouco mais de 1 hora.

Variações

Galeto assado. Cerca de 450 g cada. Prepare da mesma maneira que o frango anterior, mas asse por 35 a 45 minutos no forno a 220°C, regando várias vezes com os sucos do cozimento.

Peru assado. Conte com 225 g de peru por porção, ou 450 g por porção para ter sobras. Asse a 160°C (veja quadro a seguir, sobre assar em temperatura alta). Tempo para aves sem recheio: 5,4 kg a

6,3 kg, cerca de 4 horas; 7,2 kg a 9 kg, cerca de 5 horas; 9 kg a 11,5 kg, cerca de 6 horas. Acrescente 20 a 30 minutos no total para aves recheadas. Temperaturas internas: 79°C na parte mais grossa da coxa, 73°C no peito; 71°C no meio do recheio. A quantidade de recheio varia de ½ a ¾ xícara para cada 450 g de peru, totalizando 1,2 kg de recheio para uma ave de 6 kg a 7 kg. Eu, sinceramente, prefiro a cavidade do peru apenas temperada, como sugerido para o frango assado, e cozinho o recheio separadamente. Com o pescoço e as aparas, prepare um caldo de peru da mesma maneira que o caldo de frango (página 17). Reserve o fígado, o coração e a moela para um molho de miúdos (veja quadro página 110). Prepare o peru para assar retirando o "ossinho da sorte" e corte a ponta das asas. Prenda com palitos a pele do pescoço ao osso das costas e costure ou prenda a cavidade da ave com palitos (ou cubra com papel-alumínio). Esfregue o peru com sal e óleo vegetal. Asse com o peito para cima, numa grade untada, regando rapidamente a cada 20 minutos. Comece a testar para ver se já está assado, 20 minutos antes do tempo total estimado — uma indicação precisa de que a ave está se aproximando do ponto é quando ela começar a transpirar seus sucos para a assadeira.

ATENÇÃO: Não recheie o peru com antecedência, já que o recheio pode começar a azedar e estragar a ave e... adeus comemorações!

DESCONGELANDO PERU.

Mantenha o peru na embalagem original. Uma ave de 9 kg leva de 3 a 4 dias descongelando dentro da geladeira.

MOLHO DE MIÚDOS.

Siga os procedimentos do molho simples para carne e frango (veja quadro, página 103), dourando o pescoço e as aparas de peru como indicado. Limpe a moela e junte à panela com o restante dos ingredientes; remova depois de 1 hora, ou quando estiver macia. Pique bem. Salteie o coração e o fígado rapidamente em manteiga, pique tudo e junte ao molho pronto com a moela picada; cozinhe por vários minutos e junte, se quiser, uma colherada de vinho Madeira ou vinho do Porto seco.

ASSADOS FEITOS EM ALTA TEMPERATURA.

No meu método, você começa a assar a 260°C e, depois de 15 a 20 minutos, quando os sucos começam a queimar, reduz a temperatura para 230°C. Junte os legumes picados e 2 xícaras de água à assadeira, regando com um pouco mais de água de vez em quando para evitar que queime. Uma ave de 6,3 kg vai assar em 2 horas, e não em 4 horas. O forno mais quente resulta num peru mais dourado e suculento, mas você terá pouco controle sobre o forno; acredito que o método mais lento de assar produz uma ave mais tenra.

Pato cozido e assado

Esta é uma das minhas receitas prediletas, que não só se livra do excesso de gordura do pato como também produz um peito delicioso, coxas macias e uma pele lindamente dourada e crocante. Veja que é possível finalizar o cozimento cerca de 1 hora depois do segundo passo, o braseamento na panela.

Um pato de 2,2 kg a 2,5 kg rende 4 porções. Retire o "ossinho da sorte" e corte a ponta das asas. Salgue o interior da ave e esfregue por dentro e por fora com um limão cortado ao meio.

Acomode o pato com o peito para cima numa grade, dentro de uma panela com 2,5 cm de água; tampe e cozinhe no vapor por 30 minutos, sobre a chama do fogão. Escorra o pato e reserve o líquido do cozimento (tire a gordura e guarde para fazer um caldo). Cubra a grade com papel-alumínio e acomode o pato com o lado do peito para baixo. Distribua ½ xícara (cada) de cebola, cenoura e salsão picados e regue com 1 ½ xícara de vinho branco ou tinto. Tampe bem a panela e espere ferver, então transfira para o forno a 160°C e cozinhe por 30 minutos. Finalmente, coloque o pato com o lado do peito para cima numa grade sobre uma assadeira rasa e asse por mais 30 a 40 minutos a 190°C, até que as coxas estejam razoavelmente macias. A pele ficará maravilhosamente dourada e crocante. Enquanto isso, desengordure os sucos do cozimento que ficaram na panela, amasse os legumes com o líquido e ferva em fogo alto, até que fique espesso. Coe e você terá um molho perfumado, na quantidade suficiente para umedecer cada porção da ave.

Ganso cozido e assado

Um ganso de 4,3 a 5 kg serve 8 a 10 porções. Use, basicamente, o mesmo método para o pato, mas mantenha a ave segura enfiando um espeto através da carcaça para prender as asas no lugar; passe outro espeto para segurar as coxas, então amarre as extremidades das coxas junto à abertura de baixo. Para ajudar a gordura a escorrer mais, fure a pele do peito e das coxas com um espeto afiado. Calcule cerca de 1 hora para o primeiro cozimento no vapor, 1 ½ a 2 horas para a primeira fase no forno e 30 a 40 minutos para o tempo final no forno. Prepare o líquido para cozinhar na panela da mesma forma que para o pato, mas com 2 ½ xícaras de vinho ou caldo de frango. Pode ser que você queira engrossar o molho, no final, fervendo por alguns minutos com 1 ½ colher (sopa) de amido de milho misturado a ½ xícara de vinho do Porto seco.

Peixe assado inteiro

Para robalo, anchova, bacalhau, cavalinha, salmão, truta e outros. Este é um dos jeitos mais simples e fáceis de preparar um peixe inteiro bem grande, que assa deliciosamente em seus próprios sucos. O tempo no forno a 200°C para um peixe de 2,7 kg a 3,6 kg é de 45 minutos; de 1,8 kg a 2,7 kg, 25 a 30 minutos; 900 g a 1,8 kg, 15 a 20 minutos. Tire as escamas e as vísceras do peixe; remova as guelras e apare as nadadeiras e o rabo com uma tesoura. Polvilhe a cavidade com sal e pimenta-do-reino e preencha com um punhado de galhos de salsinha ou endro frescos. Pincele o peixe por fora com óleo vegetal e coloque-o numa assadeira untada. Asse na grelha do meio de um forno preaquecido até que você consiga sentir o perfume dos sucos que o peixe vai transpirar, o que indica que ele está pronto — a nadadeira traseira sairá facilmente e a cavidade não terá nenhum suco avermelhado. Sirva com limão, manteiga derretida, um molho de manteiga ou molho holandês (página 33).

Variação

Peixes menores e mais delicados, como truta e cavalinhas pequenas. Um peixe de 450 g precisa de 15 a 20 minutos a 220°C. Prepare o peixe como descrito acima e pincele com óleo ou manteiga derretida. Antes de levar ao forno, passe pela farinha de trigo, chacoalhando para tirar o excesso, e então asse numa forma untada.

COZINHANDO EM LÍQUIDOS

Há diferentes formas de cozinhar em líquidos. A primeira e mais fácil é o ensopado, exemplificado pela receita de *pot-au-feu*, em que carnes e legumes aromáticos cozinham juntos numa grande panela. Brasear é mais sofisticado, já que a carne primeiro é dourada e depois cozida num líquido perfumado — o exemplo clássico, aqui, é o de *beef bourguignon*. Escalfar serve para ingredientes mais frágeis, como filés de linguado em vinho branco, com uma pequena quantidade de líquido em fogo baixo.

ENSOPADOS

Receita básica

Pot-au-feu
Rende 8 porções
Tempo de cozimento: 2 a 4 horas, sem necessidade de supervisão

2 litros de caldo de carne (página 18; se você preparar o caldo, a carne pode cozinhar nele) ou uma mistura de caldo concentrado e água

Opcional, para mais sabor: quaisquer ossos e aparas de carne bovina, cozidos ou crus

1 grande buquê de ervas (veja quadro, página 115)

Legumes aromáticos, picados grosseiramente: 3 cenouras grandes sem casca, 3 cebolas grandes sem casca, 1 alho-poró grande, lavado, 3 talos grandes de salsão, com as folhas

Cerca de 2,5 kg de carne sem osso, para ensopar (ou com ossos, com carne suficiente), como músculo mole, músculo do dianteiro, pescoço, acém, peito — de um só tipo ou uma combinação deles

Guarnições de legumes, qualquer uma ou todas as seguintes sugestões: 2 ou 3 pedaços de nabo (página 63), cenoura (página 63), cebolas brancas pequenas (página 62), cunhas de repolho (página 60), batata (página 73).

    Ferva o caldo numa panela grande com os ossos e aparas opcionais, o buquê de ervas e os legumes aromáticos. Enquanto isso, amarre a carne de forma elegante com um barbante de algodão e junte à panela, juntando água, se necessário, para cobrir tudo em 2,5 cm. Deixe ferver, retire a espuma que se forma na superfície, tampe a panela parcialmente e cozinhe em fogo baixo até que a carne esteja macia quando espetada com um garfo — corte um pedaço e experimente para ter certeza. Se alguns pedaços se mostrarem cozidos antes dos outros, transfira para uma vasilha e cubra com um pouco do líquido da panela. Quando a carne estiver pronta, retire da panela; coe e desengordure o líquido do cozimento, acerte os temperos e volte à panela com a carne. O ensopado se manterá aquecido por cerca de 1 hora, até o momento de servir, ou poderá ser reaquecido, com a panela parcialmente tampada.

Enquanto prepara o ensopado, cozinhe em separado os legumes que tiver escolhido em um pouco do caldo da carne; quando estiver pronto para servir, coe o líquido do cozimento dos legumes e transfira para uma panela. Junte mais caldo em quantidade suficiente para fazer um molho farto e servir com o ensopado. Fatie a carne, disponha os legumes em volta e pincele com o molho — disponha o restante numa molheira. Se quiser, sirva acompanhado de pepino em conserva, sal grosso e molho de raiz-forte (veja quadro, página 102).

BUQUÊ DE ERVAS.

Para um buquê grande de ervas, disponha em um pedaço de filó ou gaze 8 galhos de salsinha, 1 folha grande de louro, 1 colher (chá) de tomilho seco, 4 cravos-da-índia ou sementes de pimenta-da-jamaica e 3 dentes grandes de alho, amassados e com casca; amarre o tecido, formando uma trouxinha. Às vezes, o alho deve ser excluído, e você pode substituí-lo por folhas de salsão ou alho-poró.

Variações

Outras carnes. Inclua ou troque por outros tipos de carne, no ensopado, como paleta de cordeiro ou vitela, ou linguiça. Ou você pode querer usar uma galinha, que pode ser acrescentada à receita junto com a carne ou cozida separadamente — neste caso, use caldo de frango em lugar do caldo de carne.

Blanquette de vitela. Para 1,8 kg a 2,2 kg de uma vitela rosa pálido, especialmente alimentada (veja nota, página 116), cortada em pedaços de 5 cm (use uma combinação de cortes desossados e outros com osso, acém, músculo duro, pescoço e peito); serve 6 pessoas. Tempo de cozimento: cerca de 1 ½ hora. Ferva a vitela por 2 ou 3 minutos numa panela grande com água até que a espuma pare de subir à superfície. Escorra. Lave a vitela e a panela, volte a carne e acrescente caldo de vitela, frango ou peru (página 17) e água em quantidade suficiente para cobrir tudo em 1,5 cm. Junte 1 cebola grande, descascada e picada, 1 cenoura descascada e picada, 1 talo grande de salsão e um pequeno buquê de ervas sem alho (veja quadro, página 115). Salgue, levemente, tampe a panela com folga e cozinhe por cerca de 1 ½ hora, até que a carne esteja macia ao ser espetada com um garfo. Coe o caldo, reservando, e volte a carne à panela. Em outra panela, desengordure o caldo e ferva em fogo alto até reduzir para cerca de 3 xícaras. Enquanto isso, prepare um molho *velouté* (página 33) com 4 colheres (sopa) de manteiga, 5 colheres (sopa) de farinha de trigo e o líquido; se quiser, incremente com um pouco de creme de leite. Reaqueça a vitela no molho junto com 24 cebolas pequenas, braseadas (página 62), e 250 g de cogumelos *duxelles* (página 67).

NOTA: Vitela "de verdade" é a que foi alimentada com o leite da mãe ou com derivados do leite. Vitela "criada em liberdade" é, na verdade, o boi bebê, e produz um *blanquette* feio, marrom-acinzentado, além de um molho de qualidade inferior. Ela pode, contudo, ser usada para um cozido aceitável, a partir da receita do *beef bourguignon*, a seguir.

Blanquette de frango ou peru. Use cortes de frango ou de peru e cozinhe da mesma maneira.

ASSADOS DE PANELA

Nestas receitas, a carne é salteada ou dourada antes do cozimento real começar. Lembre-se das regras para o salteado: a carne não vai dourar se você não secá-la; use a panela sobre fogo alto; e não coloque muita carne ao mesmo tempo na panela.

Receita básica

Beef bourguignon – Carne com molho de vinho tinto
Rende 6 a 8 porções
Tempo de cozimento: cerca de 2 ½ horas

Opcional, mas tradicional para dar um gosto a mais: 170 g de bacon ou toucinho branqueado (veja quadro, página 119)

2 a 3 colheres (sopa) de óleo de cozinha

Cerca de 1,8 kg de acém, limpo, cortado em cubos de 5 cm

Sal e pimenta-do-reino moída na hora

2 xícaras de cebola em fatias

1 xícara de cenoura em fatias

1 garrafa de vinho tinto (tipo Beaujolais ou Chianti)

2 xícaras de caldo de carne (página 18)

1 xícara de tomates picados, frescos ou em lata

1 buquê de ervas médio (veja quadro, página 115)

Beurre manié para o molho: 3 colheres (sopa) de farinha de trigo misturadas com 2 colheres (sopa) de manteiga até formar uma pasta

Para a guarnição: 24 cebolas pequenas, braseadas (página 62), e 3 xícaras de cogumelos salteados (página 67)

(Se usar toucinho, salteie para dourar, ligeiramente, em um pouco de óleo; reserve e junte ao cozido com a carne; use a gordura para dourar a carne.) Escolha uma frigideira grande e doure os pedaços de acém de todos os lados em óleo quente; tempere com sal e pimenta-do-reino e transfira para uma caçarola de fundo pesado. Remova quase toda a gordura da frigideira, deixando só um pouco, junte os legumes fatiados e doure; transfira para a panela com a carne. Deglace a frigideira com vinho e ponha tudo na caçarola, juntando caldo o suficiente para quase cobrir a carne. Acrescente os tomates e o buquê de ervas. Espere ferver, tampe, abaixe o fogo e cozinhe sob a chama do fogão ou num forno preaquecido a 160°C, até que a carne esteja macia — experimente um pequeno pedaço para checar. Passe por uma peneira colocada sobre uma panela e volte a carne à caçarola. Pressione o líquido dos resíduos que ficaram na peneira; desengordure esse caldo e ferva até obter 3 xícaras. Fora do fogo, misture a *beurre manié*, então cozinhe por 2 minutos até o molho engrossar, ligeiramente. Acerte os temperos e regue a carne com o molho, juntando as cebolas e os cogumelos. (A receita pode ser feita até esta parte com 1 dia de antecedência.) Para servir, volte ao fogo baixo, pincelando a carne e os legumes com o molho por vários minutos, até tudo estar muito bem aquecido.

BACON E TOUCINHO BRANQUEADOS.

Quando você não encontrar um pedaço de gordura de porco para proteger a superfície da carne que está assando, use fatias de bacon ou toucinho, mas é preciso remover seu gosto defumado ou salgado. Para isso, mergulhe 6 a 8 fatias em 2 litros de água fria, aqueça até ferver, abaixe o fogo e deixe por 6 a 8 minutos. Escorra, lave em água fria e seque em papel toalha. Toucinho, pedaços de bacon ou porco salgado em tirinhas de 5 cm de comprimento por 0,5 cm de largura são usados para dar sabor a receitas como *beef bourguignon* e coq au vin (frango ao vinho).

Variações

Assado de panela e *daube* de carne. Para um coxão bola de 1,8 kg a 2,3 kg, serve 10 a 12 porções. (Outras possibilidades: acém, lagarto, corte central do peito.) Tempo de cozimento: 3 a 4 horas. Doure a carne de todos os lados, virando e pincelando com óleo, em panela, sobre a chama do fogão ou sob o *grill* do forno. Tempere com sal e pimenta-do-reino e ponha numa caçarola com tampa junto com os mesmos legumes fatiados dourados, vinho, caldo e outros ingredientes da receita básica anterior. Quando a carne estiver macia, faça o molho da mesma maneira.

***Coq au vin* – frango ao vinho tinto.** Para 1,4 kg de frango em pedaços, serve 5 a 6 pessoas. Tempo de cozimento: 25 a 30 minutos. Doure o frango de todos os lados em óleo quente e na gordura que obtiver com o toucinho (opcional). Então proceda exatamente como para a receita básica de carne, usando os mesmos ingredientes, e a guarnição de cebola e cogumelos.

Fricassê de frango. O fricassê, essencialmente, é o mesmo que o *coq au vin*, mas preparado com vinho branco em lugar de tinto — e o frango não é dourado. Para 1,4 kg de frango, rende 5 a 6 porções. Tempo de cozimento: 25 a 30 minutos. Quando 3 colheres (sopa) de manteiga estiverem espumando na frigideira, junte 1 xícara de cebola em fatias; quando estiverem macias, junte os pedaços de frango. Vire, frequentemente, até que o frango tenha firmado um pouco, sem dourar. Tempere com sal e pimenta-do-reino, junte 1 pitada de estragão, tampe e cozinhe em fogo baixo por mais 5 minutos, sem deixar que pegue cor. Então cozinhe com 2 xícaras de vinho branco seco ou 1 ½ xícara de vermute seco, francês, e cerca de 2 xícaras de caldo de frango. Finalize o molho da maneira descrita na receita básica e guarneça com cebolas brancas, braseadas (página 62), e cogumelos *duxelles* (página 67). Talvez você queira enriquecer o molho com um pouco de creme de leite.

Cozido de cordeiro

(Repare que o prato é chamado de cozido mas, na verdade, trata-se de um assado de panela, porque a carne é dourada.) Para 1,8 kg a 2,3 kg de paleta de cordeiro com osso, cortada em pedaços de 5 cm; rende 6 porções. Tempo de cozimento: cerca de 1 ½ hora. Doure o cordeiro e 1 ½ xícara de cebola em fatias, como na receita básica. Tempere e transfira para uma caçarola com 2 dentes de alho amassados, ½ colher (chá) de alecrim, 1 ½ xícara de vinho branco seco ou vermute branco seco, francês, 1 xícara de tomate picado e caldo de frango suficiente para cobrir ligeiramente todos os ingredientes. Cozinhe em fogo baixo por cerca de 1 ½ hora e finalize o molho como sugerido na receita básica.

Stinco de cordeiro

1 ou 2 *stincos* (canela) por pessoa, ou 1 perna dianteira serrada em pedaços de 5 cm. Prepare, exatamente, da mesma maneira como para o cozido de cordeiro anterior.

Ossobuco

Stinco (canela) de vitela serrado em pedaços de 4 cm a 5 cm, 2 ou 3 por pessoa. Tempo de cozimento: cerca de 1 ½ hora. Tempere a carne e passe pela farinha de trigo antes de dourar — por causa da farinha, o molho não precisará de mais nada para engrossar. Cozinhe em fogo baixo com caldo de frango (página 17), fatias de cebola salteadas e vinho branco seco ou vermute seco, francês. Finalize com uma polvilhada de *gremolata* — a casca de uma laranja e de um limão, um dente de alho e um punhado de salsinha, tudo bem picado.

PEIXES E FRUTOS DO MAR – ENSOPADOS E NO VAPOR

Filés de peixe ensopados em vinho branco

Para linguado, truta e outros filés de peixe finos, sem pele e sem espinhas; 140 g a 170 g por porção. Tempo de cozimento: cerca de 10 minutos. Rende 6 filés. Faça pequenos cortes no lado dos filés que estava com a pele e tempere com sal e pimenta-do-reino branca. Espalhe 1 colher (sopa) de cebola picada no fundo de uma assadeira untada; disponha os filés com o lado da pele para baixo, sobrepondo-os ligeiramente. Espalhe outra colher (sopa) de cebolas picadas por cima. Regue com ⅔ xícara de vinho branco seco ou vermute branco seco, francês, e ⅓ xícara de caldo de peixe, caldo de frango ou água. Cubra com papel-manteiga untado e ferva em fogo baixo, no fogão; transfira para o forno preaquecido a 180°C. O peixe fica pronto em 7 ou 8 minutos, quando estiver levemente elástico ao toque e opaco (branco leitoso). Ponha os sucos do cozimento numa panela e ferva em fogo alto até quase ficar licoroso. Para um molho simples, junte gotas de suco de limão e salsinha picada e, se quiser, 1 ou 2 colheres (sopa) de manteiga. Regue o peixe e sirva imediatamente.

Vieiras ensopadas em vinho branco

Para 700 g de vieiras inteiras; rende 6 porções. Em fogo baixo, ferva por 3 minutos ½ colher (sopa) de cebola picada com ⅓ xícara (cada) de vermute branco seco, francês, e de água, mais ½ colher (chá) de sal e 1 folha de louro pequena. Junte as vieiras e cozinhe por 2 minutos, até que estejam ligeiramente elásticas ao toque. Retire do fogo e deixe esfriar, no líquido, por pelo menos 10 minutos, para que as vieiras absorvam o sabor. Retire as vieiras, descarte a folha de louro e ferva o líquido em fogo alto até quase ficar licoroso.

PARA SERVIR — SUGESTÕES

Ervas finas. Misture salsinha fresca picada e/ou endro, estragão e cebolinha frescos picados ao líquido reduzido; reaqueça, brevemente, as vieiras e junte, se quiser, algumas colheradas de creme de leite fresco.

Provençal — com tomates. Junte 1 ½ xícara de tomates frescos picados, sem pele e sem sementes (veja quadro, página 65), e 1 dente grande de alho, picado, ao líquido reduzido. Tampe e ferva em fogo baixo por 5 minutos; destampe e ferva em fogo alto para engrossar. Tempere. Junte as vieiras e reaqueça. Misture salsinha picada ou outras ervas e sirva.

Filés de salmão ensopados

Para 8 filés de salmão, 170 g a 225 g cada. Ferva 2 litros de água numa panela grande; acrescente 1 colher (sopa) de sal e ¼ xícara de vinagre de vinho branco. Junte o salmão, espere voltar a ferver, abaixe o fogo e cozinhe por 8 minutos — o peixe está pronto quando ligeiramente elástico ao toque. Escorra, retire a pele dos filés e sirva com limão em fatias, manteiga derretida ou molho holandês (página 33).

Salmão inteiro ao vapor

Um salmão de 2,3 kg a 2,7 kg; rende 10 a 12 porções. Tempo de cozimento: cerca de 45 minutos. Limpe o salmão, removendo as vísceras e as guelras, e apare as nadadeiras. Pincele por fora com azeite e tempere a cavidade com sal e pimenta-do-reino. Disponha o peixe na cesta untada de uma panela para cozimento a vapor. Coloque ao redor do peixe 2 xícaras de cebola em fatias finas, salteada, e 1 xícara (cada) de cenoura e salsão em fatias, salteados, mais um buquê médio de ervas com salsinha, louro e estragão. Coloque na panela 4 xícaras de vinho branco seco ou 3 xícaras de vermute branco seco, francês, com caldo de peixe ou frango, até atingir 2,5 cm. Leve ao fogo baixo, até ferver, e vede bem a panela com a tampa e papel-alumínio. Mantenha em fogo baixo, regando algumas vezes com o líquido da panela. O peixe estará pronto quando um termômetro marcar 65°C. Transfira o peixe para uma travessa de servir e o mantenha aquecido. Passe o conteúdo da panela por uma peneira, pressionando os legumes para obter seus sucos, e ferva o líquido até obter 1 xícara de molho. Enriqueça, se quiser, com creme de leite fresco e um pouco de manteiga e salsinha fresca picada.

Lagosta ao vapor

Tempo aproximado de cozimento: 10 minutos para lagostas de 450 g; 12 a 13 minutos para 560 g; 14 a 15 minutos para 680 g; 18 minutos para 900 g. Encaixe uma cesta numa panela com capacidade para 5 litros e encha com 5 cm de água do mar ou água da torneira com 1 ½ colher (chá) de sal por litro de água. Tampe e ferva em fogo alto; então junte 6 lagostas inteiras, vivas ou não, com a parte da cabeça primeiro. Cubra a panela e coloque um peso sobre a tampa para que fique bem vedada. Assim que aparecer vapor, conte o tempo conforme indicado. A lagosta estará, provavelmente, no ponto quando suas longas antenas puderem ser facilmente retiradas. Para ter certeza, vire a lagosta e abra o tórax para ver o *tomalley*[3] — se estiver preto, cozinhe por mais alguns minutos, até que esteja de um verde pálido. Sirva com manteiga derretida e fatias de limão.

---

3 Substância verde, o "fígado" da lagosta. (N.T.)

Desenformando a omelete.

Temperando o chocolate derretido.

Orgulhosamente exibindo um bolo pronto.

Ensinando os cortes de carne.

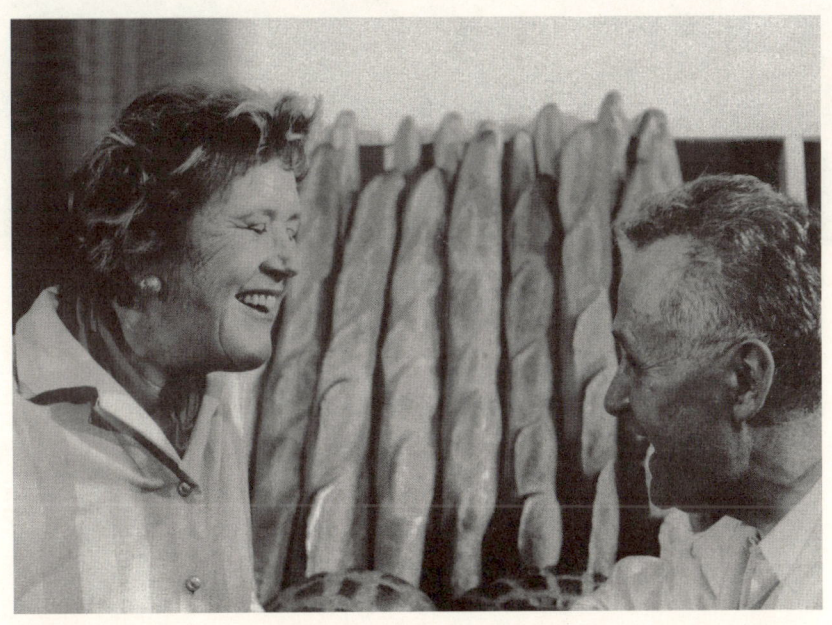

Conversando com o professor Raymond Calvel sobre como fazer baguetes francesas.

Com sua *bouillabaisse*, sirva um vinho branco seco, robusto, ou um tinto leve.

Apresentando um molho holandês aveludado.

OVOS

*"É fundamental escolher os ovos com cuidado
e tratar bem deles."*

Os ovos aparecem na culinária não apenas por eles mesmos – em omeletes, mexidos, *poché*, recheados e em vários estágios de cozimento — mas para aerar bolos e suflês, para engrossar molhos e cremes e, claro, como as estrelas e o ponto de partida de duas criações nobres e viciantes, a maionese e o molho holandês.

COMPRANDO E GUARDANDO OVOS.

É fundamental escolher os ovos com cuidado e tratar bem deles. Em temperatura ambiente, eles se tornam uma casa confortável e quentinha para bactérias do mal — por isso, sempre compre ovos refrigerados, nunca compre se estiverem sujos ou rachados; leve-os para casa numa embalagem térmica e os mantenha gelados, até o momento de usar.

Receita básica

Omelete francesa

A omelete perfeita tem uma delicada forma ovalada de ovos coagulados que envolvem um suave creme. Pode ser uma omelete simples para o café da manhã, temperada apenas com sal, pimenta-do-reino e manteiga, ou um rápido prato principal de almoço leve, recheada ou guarnecida de fígados de galinha, cogumelos, espinafre, trufas, salmão defumado ou o que o cozinheiro quiser — aliás, esse é um jeito atraente de usar sobras. E você pode preparar uma omelete de maneiras variadas, como a técnica de ovos mexidos, o método de deslizar e dobrar, e por aí vai. Sempre preferi a omelete de 2 a 3 ovos feita por meu antigo professor e *chef* francês no sistema "tranco-e-empurrão", como segue. Se essa é sua primeira tentativa, dê um tranco — repare que não é uma chacoalhada, e sim um tranco forte em sua direção — e pratique a técnica de "desenformar". Sirva a família inteira no café da manhã; depois, você fará 4 ou 5 omeletes, ou mais, para pegar o jeito. É uma lição bem rápida, já que uma omelete demora apenas cerca de 20 segundos para ficar pronta.

Para uma omelete de 2 a 3 ovos; serve 1 pessoa

2 ovos extra grandes ou 3 ovos
grandes ou médios

1 boa pitada de sal

Várias pitadas de pimenta-do-reino

1 colher (chá) de água fria,
opcional, para melhor misturar as
gemas e claras

1 colher (sopa) de manteiga sem sal

Deixe a seu lado um prato aquecido, assim como manteiga, 1 ou 2 galhos de salsinha e uma espátula de borracha. Quebre os ovos numa vasilha e bata o suficiente para misturá-los bem com o sal, a pimenta-do-reino e a água, opcional.

Coloque a frigideira (veja quadro, página 133) sobre fogo bem alto, junte a manteiga e gire em todas as direções para cobrir bem o fundo e os lados. Quando a espuma da manteiga estiver baixando, mas antes que ela comece a dourar, junte os ovos. Segure a frigideira pelo cabo e chacoalhe brevemente para espalhar os ovos na panela. Espere alguns segundos, enquanto os ovos coagulam no fundo. Então comece a dar trancos na frigideira, jogando a massa de ovos contra o lado oposto ao seu. Continue a dar trancos e, gradualmente, vá levantando a frigideira pelo cabo e inclinando o lado oposto ao seu sobre o fogo, enquanto a omelete começa a enrolar sobre si mesma. Com a espátula de borracha, empurre qualquer pedaço de ovo solto em direção à massa e então bata com seu punho no cabo, perto da panela — a omelete vai começar a se curvar nos lados de fora.

Para desenformar, rapidamente vire o cabo da panela para o seu lado direito e segure com a mão direita, a palma embaixo do cabo e o dedão em cima. Segure o prato em sua mão esquerda, incline a frigideira e o prato, um em direção ao outro, vire a frigideira sobre o prato e a omelete vai escorregar. Ajeite os lados com a espátula, se necessário.

Pegue um pouco de manteiga com um garfo e rapidamente espalhe sobre o topo da omelete, decore com a salsinha e sirva.

A FRIGIDEIRA PARA OMELETE.

Para fazer omeletes você precisa de uma frigideira antiaderente, e felizmente elas podem ser encontradas com facilidade. Recomendo, vivamente, o formato profissional de alumínio antiaderente com um cabo comprido e lados oblíquos, com 25 cm de diâmetro em cima e 18 ou 19 cm de diâmetro no fundo. Uso a frigideira de alumínio Wearever.

Variações

Ervas finas. Pique cebolinha e salsinha, ou estragão, ou cerefólio, misture ½ colher (sopa) aos ovos enquanto faz a omelete, e polvilhe um pouco por cima ao servir.

Omeletes recheadas. Você tanto pode cortar a omelete pronta com uma faca, no sentido do comprimento, e espalhar uma colherada de recheio, ou pode colocar o recheio sobre os ovos, na frigideira, assim que eles coagularem o suficiente e antes que a omelete comece a enrolar – isto requer uma pequena manobra especial, mas você conseguirá desenvolver sua própria tática.

Sugestões de recheios e guarnições

1. Espinafre cremoso (página 57) ou espinafre cozido picado (página 57), salteado em manteiga

2. Cogumelos divididos ao meio ou em quartos, fígados de galinha ou vieiras salteadas na manteiga com chalotas e temperos (cozinhe como para as vieiras da página 85)

3. Lagosta, camarão ou caranguejo cremosos (veja quadro abaixo)

4. *Pipérade* — pimentões verdes e vermelhos salteados com cebola, alho e ervas (página 68)

5. Batatas — cubinhos salteados (página 75), aos quais você pode adicionar bacon e cebola

6. Tomate — fondue de tomate fresco (veja quadro, página 65)

LAGOSTA, CAMARÃO OU CARANGUEJO CREMOSOS.

Para cerca de 1 xícara, suficiente para rechear ou guarnecer 4 a 6 omeletes. Em fogo baixo, salteie 1 colher (sopa) de chalota bem picada em 2 colheres (sopa) de manteiga, até que esteja macia, então junte 1 xícara de carne de crustáceos cozida, cortada em pedaços de 0,5 cm. Quando tudo estiver aquecido, tempere levemente com sal e pimenta-do-reino e ferva por 1 ou 2 minutos com 2 colheres (sopa) de vermute branco seco, francês; acrescente ½ xícara de creme de leite fresco e cozinhe em fogo baixo, até engrossar. Acerte os temperos e, se quiser, misture uma pitada de salsinha fresca, picada.

Ovos mexidos

Geralmente pensamos em ovos mexidos servidos apenas com bacon ou linguiça para o café da manhã de todo dia, mas eles ainda vão bem num café mais caprichado ou mesmo como almoço leve, com tomates assados, batatas salteadas, pontas de aspargos e outras guarnições. Ovos mexidos também são bons frios, como você verá, mas esses eu não acho que combinam com outras coisas. Gosto de servi-los sozinhos, com acompanhamentos à parte.

8 ovos servem 4 pessoas. Ovos mexidos precisam ser delicados, com a massa quebradiça, e quanto mais gentilmente e devagar você cozinhá-los, mais macios e deliciosos eles ficam. Use a mesma frigideira pesada com 25 cm de diâmetro indicada para omeletes. Mantenha pratos aquecidos, mas não muito quentes, à mão. Bata os ovos numa tigela apenas para misturar as claras e as gemas, juntando ¼ colher (chá) de sal (ou a gosto) e várias pitadas de pimenta-do-reino. Coloque a frigideira sobre fogo moderado com 1 colher (sopa) de manteiga e, quando ela derreter, gire a panela para cobrir os fundos e os lados.

Ponha os ovos na frigideira, reservando 2 colheres (sopa) deles, abaixe o fogo e comece, gentilmente, a mexer no fundo da panela, à medida que eles, gradualmente, vão se coagulando em grumos macios. Isso vai levar vários minutos. Quando estiverem na consistência desejada, tire a frigideira do fogo e, para interromper o cozimento, junte o restante dos ovos batidos. Experimente, e acerte o tempero. Se quiser, misture 1 colherada de manteiga sem sal ou creme de leite fresco. Sirva imediatamente.

Variações e acréscimos

ACOMPANHAMENTOS SUGERIDOS *(além de bacon crocante, presunto, linguiça e similares)*

1. Pontas de torrada amanteigada — pequenos triângulos de pão branco tostado

2. Tomates à Provençal — metades de tomates assados com migalhas de pão temperadas (página 64)

3. Pontas de aspargos cozidas, aquecidas em manteiga

4. Qualquer guarnição sugerida para as omeletes (página 134)

Ovos mexidos frios com tomates. Misture *pipérade* (página 68) aos ovos mexidos recém-cozidos. Tempere bem e use para rechear metades de tomates frescos maduros, sem sementes; refrigere.

Ovos mexidos frios com endro. Tempere os ovos mexidos recém-cozidos com endro fresco, picado; refrigere e sirva com salmão defumado.

Ovos *poché*

Como são versáteis os ovos *poché*! Sirva quentes sobre fundos de alcachofra, ou coroados por molho *béarnaise* sobre um filé, ou brilhantes num *aspic*[4], ou para dar graça a uma salada de alface *frisée*, ou escondidos num suflê, ou preparados como nos ovos Benedict, ou simplesmente sobre uma torrada com manteiga, quente e crocante, para o café da manhã. Ele tem uma graciosa forma oval, com a clara macia e firme e a gema líquida e cremosa. Se pudermos comprar ovos frescos, direto da granja, eles, literalmente, vão cozinhar sozinhos, já que um ovo realmente fresco mantém a

---

[4] Tipo de gelatina salgada. (N.T.)

forma quando colocado em água fervente. Mas a maioria de nós precisa lançar mão de artifícios para garantir sucesso, usando água avinagrada ou formas ovaladas para cozinhar (que você pode comprar em algumas lojas de artigos para cozinha).

Para ajudar os ovos a manterem sua forma. Com um alfinete, faça um furo com 0,5 cm de profundidade na ponta mais larga do ovo, para eliminar a bolsa de ar (do contrário, o ovo vai rachar). Para ajudá-los a manter suas formas, coloque não mais do que 4 ovos por vez numa panela com água fervendo. Cozinhe por exatamente 10 segundos, então retire com uma escumadeira.

Água avinagrada. Para cozinhar até 6 ovos, ferva 1 ½ litro de água e ¼ xícara de vinagre (que ajuda a clara a coagular) numa panela com 20 cm de diâmetro e 7,5 cm de profundidade. Mantenha um timer de cozinha e uma escumadeira à mão. Um por um, começando pelo lado da panela com o cabo e prosseguindo em sentido horário, segure um ovo o mais próximo possível da superfície e quebre dentro d'água. Prossiga, rapidamente, com os ovos restantes. Mantenha a água fervendo e cozinhe por exatamente 4 minutos — a clara deve estar firme e a gema, ainda líquida. Com a escumadeira, retire os ovos, um por um, começando pelo que está mais perto do cabo da panela e continuando em sentido horário; mergulhe-os numa tigela com água fria para remover o vinagre.

Cozinhando na forma ovalada de metal. Coloque as formas numa panela com água fervente suficiente para cobri-las; distribua os ovos já cozidos por 10 segundos e deixe por exatamente 4 minutos, como descrito acima. Remova as formas e retire os ovos, cuidadosamente, com uma colher de sopa.

Os ovos podem ser cozidos com 1 ou 2 dias de antecedência. Mergulhe em água fresca, fria, e leve à geladeira sem tampar.

Para servir frio. Guarde como descrito acima, ou refresque por 10 minutos em água gelada. Retire um por um com uma escumadeira e passe por um pano de prato limpo para remover a água.

Para servir quente. Mergulhe os ovos frios em uma panela com água fervente, ligeiramente salgada, e deixe aquecer por 1 minuto; retire.

Variações

Ovos Benedict. Torre e passe manteiga em metades de *muffins* tipo inglês ou círculos feitos com brioche sem casca (são os que eu prefiro, já que acho os *muffins* duros e difíceis de cortar). Cubra cada torrada com uma fatia redonda de presunto de pernil ou tênder grelhado, um ovo *poché* morno e molho holandês (página 33). E, se você acha que merece algo luxuoso, complete com lascas de trufa negra aquecidas na manteiga.

Suflê Vendôme. Ajeite 4 fatias de pão baguete torrado, untado com manteiga (veja quadro, página 22), numa tigela que possa ir ao forno, com capacidade para 6 xícaras; coloque por cima 4 ovos *poché* frios. Cubra com o suflê de queijo da página 144 e asse como indicado. Esta receita sempre deixa seus convidados surpresos, e os ovos ficam, perfeitamente, ao ponto.

Salada de alface *frisée* com bacon e ovos *poché*. Veja página 42.

Ovos assados

Aqui, para porções individuais, o ovo ou os ovos são quebrados numa vasilha rasa; começam a cozinhar sobre o fogão, mas finalizam no forno. A clara fica firme, e a gema recoberta por uma película translúcida. Uma deliciosa receita amanteigada com ovos, mas dificilmente um prato para dieta!

Eis como proceder. Consiga um número suficiente de tigelinhas rasas, que possam ir ao fogo, com cerca de 10 cm de diâmetro; preaqueça o forno a 190°C e derreta cerca de 2 colheres (sopa) de manteiga por porção. Para cada porção, coloque uma das tigelinhas sobre fogo baixo e junte 1 colher (sopa) da manteiga derretida. Quando estiver borbulhando, quebre 1 ou 2 ovos e cozinhe por cerca de 1 minuto, apenas para formar uma fina camada de claras no fundo da tigela. Retire do fogo e pincele o ovo com 1 colher (chá) de manteiga derretida. Coloque numa assadeira; proceda da mesma maneira com as outras tigelinhas. Antes de servir, coloque a assadeira no forno e asse por cerca de 5 minutos, tirando em intervalos para pincelar com um pouco mais de manteiga. Quando as claras estiverem firmes e as gemas cobertas com uma película, tempere e sirva imediatamente.

Variações e acréscimos

Ovos assados com creme. Depois de começar a cozinhar os ovos no fogão, coloque 2 colheres (sopa) de creme de leite fresco sobre eles e finalize no forno. Não é preciso pincelar com manteiga.

Ovos assados gratinados com queijo. Proceda como para os ovos com creme, acima, polvilhando 1 colher (sopa) de queijo suíço ou parmesão ralados.

Ovos assados à *beurre noir* – com molho de manteiga escura. Use apenas 1 colher (chá) de manteiga para pincelar os ovos; quando prontos, guarneça com molho de manteiga escura (veja quadro), juntando a salsinha picada e as alcaparras.

Guarnições. Antes de servir, você pode rodear os ovos com cogumelos salteados, rins, fígados de galinha, molho de tomate, pimentão verde e vermelho salteados, ou o que quiser. Entretanto, acho que essas guarnições funcionam melhor com os ovos em ramequins, a seguir.

MOLHO DE MANTEIGA ESCURA – *BEURRE NOIR*.

Um molho maravilhoso para receitas com peixe e ovos. Para cerca de ½ xícara, corte ½ tablete de manteiga (100 g) em fatias de 0,5 cm e derreta numa frigideira com 15 cm de diâmetro. Quando estiver borbulhando, aumente o fogo para alto. Gire a frigideira pelo cabo enquanto as borbulhas desaparecem e a manteiga rapidamente começa a dourar. Em poucos segundos, assim que ela estiver de uma bela cor castanha (não preta!), ponha sobre a comida.

NOTA: Antes de despejar o molho sobre a comida, você pode salpicar com cerca de 1 colher (chá) de salsinha picada, que vai "chiar" com a manteiga quente; então junte cerca de 1 colher (sopa) de alcaparras à panela e divida entre as porções já regadas com o molho.

Ovos assados em ramequins

Esta é uma receita de ovos mais tranquila do que a anterior, com seus movimentos rápidos de tirar e voltar a assadeira do forno. Aqui, os ovos são quebrados dentro de pequenas tigelinhas untadas e colocados numa panela com água quente para assar, no forno, por 7 a 10 minutos. Podem ser simples, apenas com uma base de creme de leite, ou você pode colocar algum recheio no fundo dos ramequins — uma ótima maneira de usar sobras de espinafre cozido, cogumelos picados, cebolas cozidas ou qualquer item apetitoso que tiver à mão.

Preaqueça o forno a 190°C. Para cada porção, ponha 1 colher (sopa) de creme de leite fresco num ramequim untado, com capacidade para ½ xícara, e acomode numa panela com 1,2 cm de água fervente, sobre fogo moderado. Quando o creme de leite estiver quente, quebre 1 ou 2 ovos no ramequim; cubra com outra colherada do creme de leite e um pouco de manteiga. Coloque para assar no forno, na parte inferior, por 7 a 10 minutos, até que estejam firmes — eles devem ainda tremer um pouco, já que vão se firmar mais depois de saírem do fogo. Retire do forno, tempere com sal e pimenta-do-reino, e sirva.

Variações e acréscimos

À *fines herbes* – com ervas verdes picadas. Junte ao creme de leite cerca de 1 colher (chá) para cada porção — salsinha, cebolinha, estragão e cerefólio, apenas uma delas ou misturadas.

Com vários molhos. Em lugar do creme de leite, use um molho dourado com cogumelos, um molho de queijo, um molho de tomate, um molho de caril (*curry*), um molho de cebola etc. É uma boa ocasião para usar suas preciosas sobras.

Recheios. Espalhe no fundo de cada ramequim cerca de 1 colher (sopa) de itens saborosos como aspargos picados, cozidos e bem temperados, brócolis, espinafre, fundos de alcachofra, presunto em cubinhos, cogumelos, fígados de galinha ou frutos do mar. Uma lasca de trufa negra seria uma boa surpresa, assim como uma generosa colherada de patê de fígado (*foie gras*).

Ovos cozidos duros

É chato preparar ovos cozidos recheados para a família quando as cascas se recusam a sair direito — para uma festa, passa a ser um desastre. Um tanto complicado, o sistema seguinte, desenvolvido pelo *State of Georgia Egg Board*, resolve o problema.

Para 12 ovos (não recomendo mais do que isso por vez). Com um alfinete, faça um furo com 0,5 cm de profundidade na ponta mais larga do ovo — para eliminar a bolsa de ar. Ponha os ovos numa panela funda e cubra com 3 ½ litros de água fria. Espere começar a ferver, retire do fogo, tampe a panela e deixe descansar por exatamente 17 minutos. Transfira os ovos para uma tigela com gelo e água e deixe por 2 minutos — para que os ovos se "encolham" dentro da casca. Enquanto isso, reaqueça a água na panela até ferver. Mergulhe 6 ovos de cada vez na água fervente e cozinhe por exatamente 10 segundos — para expandir a casca do ovo.

Espere esfriar por 20 minutos, ou mais — ovos frios são mais fáceis de descascar. Quebre a casca do ovo gentilmente e descasque sob um fio de água fria, começando pelo lado maior. Os ovos vão se manter perfeitamente por vários dias se mergulhados em água fria e guardados, sem tampa, na geladeira.

Variações

Uma base simples para ovos frios, recheados. Para 1 dúzia de ovos divididos na metade. Corte ao meio, no sentido do comprimento, 12 ovos descascados; passe as gemas por uma peneira e transfira para uma tigela. Misture as gemas com 2 colheres (sopa), cada, de maionese e manteiga sem sal amolecida, e tempere a gosto com sal e pimenta-do-reino moída na hora. Use um saco de confeitar com bico estrela para distribuir o recheio entre as claras. Decore, se quiser, com galhos de salsinha e pedacinhos de pimentão vermelho. Ou junte ao recheio básico qualquer um dos seguintes ingredientes, bem picadinhos:

1. Ervas verdes frescas, como endro, manjericão, estragão, salsinha, cebolinha, cerefólio
2. Pontas de aspargos cozidos
3. Cebola ralada salteada em manteiga, com uma pitada de *curry* em pó
4. Cogumelos *duxelles* salteados (página 67)
5. Lagosta, caranguejo ou camarão salteados em manteiga e temperos (veja quadro, página 134)
6. Salmão defumado
7. Picles
8. *Tapénade* de azeitonas pretas (veja quadro, página 143)

> **TAPÉNADE.**
>
> Misture no processador, até obter uma pasta, 1 xícara de azeitonas pretas pequenas, sem caroço, 3 colheres (sopa) de alcaparras, 6 filés de anchova conservados em óleo e 1 dente grande de alho espremido.

Ovos recheados assados. Um almoço ou jantar leve, bem francês. Peneire as gemas e misture com creme de leite fresco e algum recheio, como cogumelos picados.

Ovos recheados gratinados, Chimay. Para 4 pessoas. Peneire as gemas de 12 ovos cozidos e misture com cerca de ¼ xícara de creme de leite fresco e cogumelos *duxelles* (página 67). Asse, 6 metades de cada vez, em tigelas individuais, dentro de um molho bem temperado de queijo, exatamente como para a couve-flor gratinada da página 66.

SUFLÊS

O suflê é o ovo em seu estado mais magnífico. Que glória transportá-lo para a mesa, com o topo subindo dramaticamente acima da tigela, e balançando voluptuosamente enquanto assenta. Com convidados especiais para o almoço, você não poderá servir uma refeição leve mais apropriada e atraente do que um suflê de queijo e uma salada verde; ou prepare um suflê de chocolate como um agrado amoroso para seus convidados preferidos no jantar. Felizmente, um suflê de razoável sucesso acontece de maneira automática. Trata-se, apenas, de uma base cremosa temperada à qual se adicionam claras batidas em neve, e depende quase inteiramente do jeito como você bate as claras e como você as acrescenta à base — esses dois itens estão inteiramente explicados no capítulo de bolos, nas páginas 193 e 196.

Receita básica

Suflê de queijo
Para uma forma de suflê com capacidade para 4 a 6 xícaras, ou para uma forma de lados retos com 20 cm de diâmetro; rende 4 porções

Você pode assar numa tigela com capacidade para 4 xícaras revestida por um colarinho de papel; o suflê vai crescer cerca de 5 a 7 cm acima da borda e manter a forma quando o colarinho for retirado. Ou asse numa tigela com capacidade para 6 xícaras, que vai resultar num suflê mais estável, mas menos inflado.

1 a 1 ½ colher (sopa) de manteiga amolecida para untar a forma e o colarinho

2 colheres (sopa) de queijo parmesão bem ralado, para polvilhar a forma

2 ½ colheres (sopa) de manteiga para o suflê

3 colheres (sopa) de farinha de trigo

1 xícara de leite quente

¼ colher (chá) de páprica

1 pitada de noz-moscada ralada

½ colher (chá) de sal

2 ou 3 pitadas de pimenta-do-reino moída na hora

4 gemas

5 claras

1 xícara (100 g) de queijo suíço
ralado grosso

    Prepare a forma para o suflê. (Veja quadro, página 146.) Coloque a grelha na parte de baixo do forno e preaqueça a 200°C.

    A base cremosa. Em uma panela com capacidade para 3 litros, cozinhe as 2 ½ colheres (sopa) de manteiga e 3 colheres (sopa) de farinha de trigo, juntas, até que espumem, por 2 minutos. Retire do fogo e adicione o leite quente, batendo; volte ao fogo até que ferva e mexa por 1 ou 2 minutos, para engrossar. Retire do fogo, misture os temperos e, uma por uma, as gemas.

    Bata as claras em ponto de neve, até obter picos brilhantes (veja quadro, página 196). Misture ¼ delas à base, para suavizar a massa, então, delicadamente, junte o resto das claras, alternando com polvilhadas do queijo suíço ralado.

    Transfira a mistura para a forma e coloque no forno. Reduza a temperatura para 190°C e asse por 25 a 30 minutos, até que o suflê esteja dourado por cima e inflado vários centímetros acima da borda do colarinho ou até uns 5 cm acima da borda da forma. Quando está realmente pronto? Veja o quadro na página 147.

    Remova o colarinho da forma e sirva imediatamente.

    Para servir o suflê. Para que ele murche o menos possível, segure uma colher e um garfo em pé, de costas um para o outro. Insira no centro do suflê e corte.

PARA PREPARAR A FORMA DE SUFLÊ.

Escolha uma vasilha de lados retos ou uma forma para "charlotte"[5]. Espalhe uma leve camada de manteiga amolecida sobre os lados e o fundo da tigela. Dependendo do suflê, polvilhe com queijo parmesão ralado fino, ou com migalhas de pão, ou com açúcar cristal, para cobrir toda a superfície interna; chacoalhe para retirar o excesso.
O colarinho. Para usar o colarinho, corte uma tira de papel-manteiga ou papel-alumínio comprida o suficiente para embrulhar a forma com uma sobreposição de 5 cm; dobre ao meio no sentido do comprimento e unte de um dos lados. Envolva o colarinho ao redor da forma, com o lado untado para dentro; ele deve ultrapassar a borda em 7,5 cm. Prenda o papel com 2 alfinetes (deixe a cabeça do alfinete para cima, para removê-los rapidamente).

Variações

Suflê de legumes. Depois de preparar a base, misture ¼ a ⅓ xícara de espinafre, aspargos, brócolis ou cogumelos bem temperados e picados. Complete o suflê como descrito, mas adicione apenas ⅓ xícara de queijo suíço ralado.

Suflê de frutos do mar. Prepare 1 xícara de lagosta, caranguejo ou camarão cremosos (veja quadro, página 134) e espalhe no fundo da forma untada. Cubra com a base cremosa, mas adicione apenas ⅓ xícara de queijo suíço ralado. Você pode servir fondue de tomate (veja quadro, página 65) para acompanhar.

Suflê de salmão e outros peixes. Suflês são uma ótima solução para aproveitar sobras de um jeito elegante. Misture à base cremosa cerca de 1 xícara de peixe cozido, e acrescente sabor extra

---

[5] Sobremesa francesa parecida com o pavê. (N.T.)

juntando várias colheres (sopa) de chalotas picadas salteadas em manteiga e 1 ou 2 colheres (sopa) de endro fresco picado. Novamente, corte o queijo suíço para ⅓ xícara. Molho holandês (página 33) vai bem aqui.

> ## QUANDO O SUFLÊ ESTÁ PRONTO?
>
> Se você usou colarinho, afrouxe um pouco para checar – caso o suflê afunde, prenda novamente o papel e asse por mais alguns minutos. Quando um espeto enfiado perto do lado mais alto da massa sair ainda meio úmido, o suflê estará deliciosamente cremoso por dentro, mas não se manterá alto por muito tempo. Se o espeto sair limpo, o prato manterá a forma um pouco mais.

Suflê no prato. Em lugar de uma tigela funda, você pode assar o suflê num prato ou numa vasilha para gratinar. Para 4 pessoas, unte uma forma oval de 30 a 35 cm e disponha, dentro dela, 4 montinhos (½ xícara cada) de qualquer deliciosa mistura, como os frutos do mar cremosos da página 134. Cubra cada um deles com ¼ da massa do suflê, polvilhe com queijo suíço ralado e asse por cerca de 15 minutos num forno preaquecido a 220°C, até que cresçam e fiquem dourados.

Suflê *roulade* — o suflê enrolado. Para uma assadeira de 27,5 cm por 42,5 cm, serve 6 a 8 pessoas. Coloque a grade na parte de cima do forno e preaqueça a 220°C. Unte a assadeira e forre com papel-manteiga, deixando uma sobra de 5 cm de cada lado. Unte o papel e polvilhe com farinha de trigo, chacoalhando para retirar o excesso. Siga a receita básica, mas aumente as quantidades dos ingredientes: 5 colheres (sopa) de manteiga, 6 colheres (sopa) de farinha de trigo, 1 ½ xícara de leite, 6 gemas, 7 claras e 1 xícara de queijo suíço ralado. Espalhe a massa do suflê na assadeira e asse por cerca de 12 minutos, até que esteja firme — não asse demais, ou ele vai quebrar quando for enrolado. Polvilhe com migalhas de pão e inverta o suflê sobre outra assadeira forrada de papel. Cuidadosamente, retire o papel-manteiga da massa. Espalhe sobre o suflê 1 ¼ xícara de qualquer recheio morno, bem temperado, como *pipérade* (página 68), cogumelos salteados e presunto em cubinhos, os frutos do mar cremosos da página 134, ou outros. Enrole o suflê e decore, se quiser, com mais recheio e/ou um molho como o fondue de tomate da página 65 ou molho holandês, página 33.

SUFLÊS PARA SOBREMESA

Suflês na sobremesa é sinônimo de festa. Os mesmos princípios gerais de bater as claras em neve e misturá-las à massa aplicam-se tanto aos suflês doces quanto aos servidos como prato principal, mas, como as sobremesas precisam ser leves e aeradas, há diferenças na massa básica. Você pode usar um creme branco ou creme de confeiteiro, mas eu prefiro o *bouillie*, explicado abaixo, e você notará que as claras em neve ganham mais corpo ao serem batidas com açúcar.

Receita básica

Suflê de baunilha
Para uma forma de suflê com capacidade para 6 xícaras; rende 4 porções

3 colheres (sopa) de farinha de trigo

¼ xícara de leite

⅓ xícara, mais 2 colheres (sopa) de
açúcar cristal

4 gemas

2 colheres (sopa) de manteiga amolecida (opcional)

5 claras

2 colheres (sopa) de extrato puro de baunilha

Açúcar de confeiteiro peneirado

Prepare a forma de suflê e fixe o colarinho de papel como indicado no quadro da página 146. Coloque a grelha na parte mais baixa do forno e preaqueça a 200°C.

Numa panela, bata juntos a farinha e metade do leite. Quando estiver bem misturado, acrescente o leite restante e ⅓ xícara de açúcar, batendo sempre. Aqueça até ferver, abaixe o fogo e cozinhe, mexendo, por 30 segundos. Este é o *bouillie*. Retire do fogo, espere esfriar um pouco e bata enquanto acrescenta as gemas, uma a uma, e a manteiga (opcional).

Bata as claras em neve até obter picos moles, polvilhe com 2 colheres (sopa) de açúcar e bata até obter picos firmes e brilhantes (veja quadro, página 196). Junte a baunilha ao creme básico e misture com ¼ das claras em neve, para suavizar a massa. Delicadamente, acrescente o restante das claras e transfira a massa para a forma preparada.

Leve ao forno, reduza a temperatura para 190°C e asse até que o suflê comece a inchar e dourar — cerca de 20 minutos. Rapidamente, deslize a grade do forno para fora e polvilhe o topo do suflê com açúcar de confeiteiro. Continue a assar até que a massa tenha inflado acima do colarinho. Quando está pronto? Veja o quadro na página 147.

Retire o colarinho e sirva imediatamente.

Variações

Suflê de laranja Grand Marnier. Siga a receita básica, acima, mas bata (no liquidificador ou no processador) ⅓ do açúcar com a casca ralada de 1 laranja grande, e use para fazer o creme. Junte apenas 2 colheres (chá) de baunilha à massa básica e acrescente 3 colheres (sopa) de licor de laranja.

Suflê de chocolate. Siga a receita básica, acima, mas prepare uma forma com capacidade para 2 litros, para 8 porções. Derreta 200 g de chocolate meio amargo com ⅓ xícara de café forte (veja quadro, página 202). Prepare o creme como indicado na receita básica, usando ⅓ xícara de farinha de trigo e 2 xícaras de leite; quando ferver, bata por 2 minutos em fogo baixo. Fora do fogo, misture 3 colheres (sopa) de manteiga (opcional), 1 colher (chá) de extrato de baunilha, 1 pitada grande de sal, 4 gemas e o chocolate derretido. Bata 6 claras em neve até obter picos moles, junte ½ xícara de açúcar e bata até obter picos firmes e brilhantes (veja quadro, página 196). Despeje a base de chocolate pelos lados da tigela com as claras em neve, mexendo rapidamente para misturar. Transfira para a forma, leve ao forno, reduza a temperatura para 190°C e asse por 40 minutos, ou até que infle. Polvilhe com açúcar de confeiteiro e asse até que esteja pronto (veja quadro, página 147). Sirva com creme de leite levemente batido em chantili (página 198).

FLANS SALGADOS

Nós, geralmente, pensamos em *flans* apenas como sobremesas – especialmente o *flan* de caramelo, que todo mundo adora (eu gostaria de estar comendo uma colherada dele agora!). Mas eles também podem ser pratos principais de almoços leves ou lanches noturnos, ou acompanhar assados, grelhados e bifes. Sempre que você pensar em um suflê para o cardápio, pense também em sua alternativa, o *flan* — ou timbale, em linguagem chique. É fácil de fazer e você não precisa se preocupar com a perfeição das claras em neve, ou se vai murchar. O *flan* mantém sua forma, fica à espera, pode ser reaquecido; comê-lo é um prazer sensual.

Receita básica

Timbales individuais de brócolis
Para 6 a 8 porções, em forminhas com capacidade para 140 g a 170 g (⅔ a ¾ xícara)

1 ½ a 2 colheres (sopa) de manteiga amolecida (para as forminhas)

4 ovos grandes

2 xícaras de brócolis cozido, picado e bem temperado (página 56)

2 colheres (sopa) de cebola ralada

½ xícara de migalhas de pão branco fresco (veja quadro, página 94)

2 a 3 colheres (sopa) de salsinha fresca, picada

½ xícara (60 g) de queijo suíço, cheddar ou mozarela, ralado e levemente pressionado na xícara

½ xícara de leite ou creme de leite

½ colher (chá) de sal

Pimenta-do-reino branca moída na hora

Gotas de Tabasco (opcional)

Unte as forminhas com manteiga amolecida. Coloque a grade do forno na parte mais baixa e preaqueça a 175°C. Consiga uma assadeira que acomode todas as forminhas e mantenha uma chaleira com água fervente por perto.

Bata os ovos numa tigela para misturar claras e gemas, então junte todos os outros ingredientes. Prove cuidadosamente e acerte os temperos. Despeje a mistura nas forminhas, enchendo ⅔ de sua capacidade.

Coloque as forminhas na assadeira e leve ao forno. Puxe a grelha para fora e despeje água fervente na assadeira, o suficiente para atingir metade da altura das forminhas. Gentilmente, deslize a grelha para dentro do forno e asse por 5 minutos; abaixe a temperatura para 160°C e asse por mais 25 minutos. Mantenha o calor do forno ajustado para que a água, na assadeira, nunca esteja fervendo – apenas borbulhando.

Quando estão prontos? Quando um palito enfiado no centro da massa sair limpo.

Com cuidado, deslize a grelha para fora do forno e deixe as forminhas assentarem por 10 minutos — ou um pouco mais, se necessário.

Para desenformar, passe uma faca afiada e fina em volta da massa, dentro de cada forminha, e vire sobre um prato aquecido.

Sugestões para servir. Polvilhe com migalhas de pão amanteigado e torrado, ou com molho de tomate (veja quadro, página 65), ou com molho bechamel (página 32), incrementado com ervas frescas picadas.

Variações

Um timbale maior. Unte uma forma para suflê com capacidade para 4 a 5 xícaras ou uma tigela de lados altos e encha com a massa. Coloque na assadeira e despeje água fervente o suficiente para atingir metade da altura da forma. Asse como descrito acima.

Timbale de milho fresco. Siga a receita básica, mas substitua os brócolis por 2 xícaras de milho fresco (8 a 10 espigas) e use 1 colher (sopa) de salsinha fresca, picada.

Outras variações. Espinafre cozido e picado, pontas de aspargos, cogumelos, pimentão verde e vermelho, frutos do mar, presunto — qualquer um desses ingredientes e mais o que você imaginar pode substituir os brócolis na receita básica. Trata-se de uma fórmula versátil.

FLANS DOCES

Receita básica

Flan de caramelo
Para uma forma com capacidade para 2 litros; rende 8 a 10 porções

1 xícara de açúcar e ⅓ xícara de água, para o caramelo

6 ovos grandes

5 gemas

¾ xícara de açúcar

1 litro de leite quente

1 colher (sopa) de extrato puro de baunilha

1 pitada de sal

Coloque a grelha na parte de baixo do forno e preaqueça a 175°C. Faça um caramelo com o açúcar e a água (veja quadro, página 199) e ponha metade na forma, girando rapidamente para cobrir o fundo e os lados. Junte 4 a 5 colheres (sopa) de água ao caramelo restante, na panela, e ferva em fogo baixo para derreter, formando uma calda para ser usada depois.

Com um batedor de arame (mas sem bater até espumar), misture os ovos, as gemas e o açúcar numa tigela, para incorporar bem. Então, aos poucos, para dissolver o açúcar, junte o leite quente, a baunilha e o sal. Passe por uma peneira fina e transfira para a forma caramelizada. Coloque dentro de uma assadeira de bordas altas, na grade do forno, e despeje água fervente na assadeira, o suficiente para atingir metade da altura da forma.

Asse por cerca de 1 hora, checando depois de 15 minutos para se certificar de que a água, na assadeira, mantenha-se apenas borbulhando. Se a água estiver muito quente, o *flan* ficará granuloso; se não estiver quente o suficiente, vai demorar horas para assar.

Quando está pronto? Quando o centro ainda tremer um pouco, mas um palito enfiado a 2,5 cm dos lados da forma sair limpo.

Retire a forma da assadeira e deixe o *flan* firmar por pelo menos 30 minutos. Pode ser servido morno, em temperatura ambiente ou gelado – neste caso, leve à geladeira e cubra quando estiver frio. (Pode ser mantido na geladeira por 2 dias.)

Para desenformar. Passe a lâmina de uma faca entre o *flan* e os lados da forma. Coloque um prato de servir sobre a forma e vire – o *flan* vai escorregar, lentamente. Distribua em volta a calda reservada de caramelo.

Variações

Flans individuais de caramelo. As proporções indicadas são suficientes para 12 tigelinhas com capacidade para ⅔ xícara, com 9 cm de diâmetro. Forre as forminhas com caramelo, como descrito, encha com o creme e asse em banho-maria a 175°C, por 20 a 25 minutos, até que as bordas estejam firmes e o centro ainda trema um pouco. Desenforme para servir.

Flans individuais de *macaron*.[6] Caramelize as forminhas, como descrito acima; quando o caramelo endurecer, unte com manteiga. Polvilhe *macarons* moídos para cobrir o fundo e os lados. Encha com o creme. Asse e desenforme como indicado.

CREMES PARA MOLHOS E RECHEIOS DE SOBREMESAS

Molhos cremosos são certamente essenciais para o repertório de qualquer cozinheiro; o mais importante e útil é o clássico *crème anglaise*, base para muitos doces, sorvetes, pudins e para outros molhos. Assim como no holandês, você tem que lidar com a gema de ovo e sua instabilidade, mas basta lembrar que você está no controle, e que apenas a fonte de calor precisa de sua inteira atenção.

---

6 Tipo de biscoito feito com amêndoas. (N.T.)

Receita básica

Crème anglaise — molho clássico
Rende cerca de 2 xícaras

6 gemas

½ xícara de açúcar

1 ½ xícara de leite quente

3 colheres (sopa) de manteiga, opcional

1 colher (sopa) de extrato puro de baunilha

2 colheres (sopa) de rum, conhaque ou outra bebida, opcional

Numa panela de aço inoxidável com capacidade para 2 litros, bata as gemas, juntando o açúcar às colheradas. Continue batendo por 2 a 3 minutos, até que as gemas engrossem e estejam pálidas, formando uma fita (veja quadro, página 196). Aos poucos (primeiro em gotas), misture o leite quente.

Leve ao fogo moderado, mexendo sempre e devagar com uma colher de pau, atingindo também o fundo da panela à medida que o creme aquece e engrossa — não deixe chegar perto do ponto de fervura. Se parecer que está muito quente, levante a panela, e continue enquanto o molho engrossa. Você está chegando perto quando não houver bolhas na superfície e você conseguir ver o vapor que sobe do creme.

Quando está pronto? Quando uma camada leve e cremosa cobrir as costas da colher.

Misture a manteiga (opcional), baunilha e bebida (opcional). Sirva morno, em temperatura ambiente, ou gelado.

Para guardar. Lembre-se que este é um creme feito com gemas, e não pode permanecer em temperatura ambiente por mais do que ½ hora. Para guardar de 2 a 3 dias, leve à geladeira e cubra quando esfriar.

Ilha flutuante (*île flottante*)

Um uso espetacular para o *crème anglaise*: pedaços de merengue assado, decorado com caramelo, flutuando num mar de molho. Para 6 a 8 porções, unte uma forma de lados retos, com capacidade para 4 litros, e polvilhe com açúcar de confeiteiro. Coloque a grade na parte mais baixa do forno e preaqueça a 140°C.

Bata ⅔ xícara de claras de ovo (cerca de 12) em picos moles (veja quadro, página 196), e continue a bater até obter picos firmes e brilhantes enquanto junta 1 ½ xícara de açúcar às colheradas. Transfira esse merengue para a forma. Asse por 30 a 40 minutos, até que o merengue tenha crescido de 7,5 cm a 10 cm e um palito enfiado no centro saia limpo. Retire do forno e deixe esfriar — ele vai murchar. (Pode ser assado com vários dias de antecedência; pode ser congelado.)

Para servir, ponha 2 xícaras de *crème anglaise* (veja receita anterior) numa travessa redonda de servir. Desenforme o merengue sobre uma assadeira, corte em 6 ou 8 grandes pedaços e disponha sobre o molho. Ferva 1 xícara de açúcar e ⅓ xícara de água até formar um caramelo (veja quadro, página 199) e, quando tiver esfriado ligeiramente, numa consistência licorosa, distribua sobre o merengue com os dentes de um garfo, formando listras decorativas.

Creme de confeiteiro (*crème patissière*)

Recheio cremoso para tortas, bolos e diversas sobremesas. Para cerca de 2 ½ xícaras. Numa panela de aço inoxidável, bata 6 gemas enquanto, gradualmente, junta ½ xícara de açúcar e 1 pitada de sal. Continue a bater até que os ovos engrossem e estejam pálidos, formando uma fita (veja quadro, página 196). Junte, mexendo, ½ xícara de farinha de trigo ou amido de milho peneirados. Aos poucos (primeiro em gotas), acrescente 2 xícaras de leite ou creme de leite fresco, quentes. Leve à fervura, mexendo devagar e, depois, vigorosamente, por alguns segundos, para desfazer qualquer grumo. Mantenha em fogo baixo, mexendo com uma colher de pau, por 2 minutos, para cozinhar a farinha ou o amido. Retire do fogo e misture 1 colher (sopa) de extrato puro de baunilha e, se quiser, 2 colheres (sopa), cada, de manteiga sem sal e rum ou *kirsch*. Passe por uma peneira fina e ponha numa tigela. Deixe esfriar, mexendo de vez em quando para evitar que se formem grumos.

Para guardar. Encoste um pedaço de filme plástico no creme para evitar que se forme uma película; cubra e deixe na geladeira por 2 ou 3 dias, ou então congele.

Variações e dicas

PARA DEIXAR O CREME MAIS LEVE, misture ½ xícara de creme de leite batido. Ou deixe mais volumoso e firme juntando 2 xícaras de merengue italiano (página 200); misture os dois juntos e você terá criado um *crème Chiboust*, que pode ser usado como recheio e cobertura de bolos ou como base para tortas de frutas.

Zabaione

Um creme com bebida alcoólica para sobremesas com frutas. Numa panela de aço inoxidável, bata 1 ovo, 2 gemas, ½ xícara de açúcar, 1 pitada da sal, ⅓ xícara de Marsala, *sherry*, rum ou *bourbon* e ½ xícara de vermute branco seco, francês. Quando estiver bem misturado, coloque em fogo baixo, mexendo devagar, por 4 a 5 minutos, até que o molho engrosse, esteja espumoso e quente — mas não deixe ferver. Sirva morno ou frio.

Musse clássica de chocolate

As musses de chocolate eram deste tipo antes da popularidade da *ganache* (página 201); a *ganache* é muito mais rápida e fácil, composta apenas de chocolate derretido e creme de leite fresco. Você pode deixá-la ainda mais atraente se misturar clara em neve, ou, melhor ainda, se acrescentar merengue italiano (página 200). A receita seguinte, entretanto – um clássico cremoso, intenso e aveludado –, continua sendo a minha favorita entre as musses de chocolate.

Para cerca de 5 xícaras; rende 6 a 8 porções. Derreta 170 g de chocolate meio amargo (veja quadro, página 202) em 4 colheres (sopa) de café forte e corte 1 ½ tablete de manteiga sem sal (170 g) em fatias, para que amoleça. Enquanto isso, bata juntos, numa vasilha, 4 gemas e ¼ xícara de licor de laranja, juntando, gradualmente, ¾ xícara de açúcar; continue batendo até que engrosse e esteja pálido, formando fitas (veja quadro, página 196). Coloque a vasilha sobre uma panela com água fervente e bata por 4 ou 5 minutos, até que espume e esteja quente (experimente com o dedo). Retire do fogo e bata sobre uma tigela de água gelada (ou com um *mixer*) até que esfrie, engrosse e, novamente, forme fitas.

Quando o chocolate estiver derretido, misture, gentilmente, a manteiga e acrescente à massa de gemas. Bata 4 claras em neve, em picos moles, junte 2 colheres (sopa) de açúcar e bata até obter picos firmes e brilhantes (veja quadro, página 196). Misture ¼ das claras ao creme de gemas e chocolate, então, delicadamente, acrescente o restante.

Transfira a musse para uma tigela de servir com capacidade para 6 xícaras ou para tacinhas individuais. Cubra e deixe gelar por várias horas (a musse se conserva por vários dias na geladeira). Sirva com creme de leite levemente batido (veja quadro, página 198), ou com *crème anglaise*.

PÃES, CREPES E TORTAS

"Claro que você pode comprar uma base pronta para torta, mas é uma vergonha não saber prepará-la."

PÃES

Pães fermentados são um assunto vasto, e compreendem não apenas o pão branco e o pão francês, mas *croissants*, brioches, *pumpernickel*, pão integral e de centeio, de fermentação natural, e por aí vai. Neste pequeno livro, entretanto, estou me concentrando apenas em alguns dos passos básicos que se aplicam a todos eles.

Massa básica para pão branco, pão francês, *pizzas* e bisnaguinhas

Rende o suficiente para um pão assado numa forma (de bolo inglês) com capacidade para 2 litros; ou 2 bengalas gordas e compridas de pão baguete ou 3 baguetes de 45 cm; ou 2 pães redondos de 22 cm; ou 2 pizzas de 40 cm; ou 12 bisnaguinhas.

1 pacote — cerca de 1 colher (sopa) — de fermento biológico seco

1/3 xícara de água morna (no máximo, a 45°C)

1 pitada de açúcar

1 xícara de água fria, mais um pouco, se necessário

3 ½ xícaras (450 g) de farinha de trigo branca, mais um pouco, se necessário

1 colher (sopa) de farinha de centeio ou integral

2 ¼ colheres (chá) de sal

Faça a prova do fermento (veja quadro) na água morna, com o açúcar, por 5 minutos; então, junte a água fria. Coloque as farinhas e o sal no processador de alimentos com a lâmina de aço. Com a máquina ligada, processe devagar, juntando o fermento e a água, acrescentando gotas de mais água fria, se necessário, até que a massa forme uma bola. Deixe que ela gire por umas 8 a 10 vezes, desligue a máquina e sinta a massa. Ela deve estar razoavelmente macia e maleável. Se estiver úmida ou molhada, processe com mais 1 colher (sopa) ou mais de farinha de trigo; se estiver seca, junte gotas de água fria. Deixe descansar por 5 minutos.

PARA FAZER A PROVA DO FERMENTO.

É sempre aconselhável certificar-se de que seu fermento está ativo. Misture 1 colher (sopa) de fermento biológico seco numa xícara com 3 colheres (sopa) de água morna e 1 pitada de açúcar. Em 5 minutos, deve começar a formar bolhas. Está vivo!

Processe a massa por mais cerca de 15 segundos e remova para uma superfície enfarinhada; deixe descansar 2 minutos. Amasse, vigorosamente, à mão, por umas boas 50 vezes, como descrito no quadro abaixo.

AMASSANDO À MÃO.

Se você bater demais a massa no processador, ela pode aquecer; além disso, as fibras de glúten podem se quebrar, impedindo que ela cresça. Para finalizar a massa, dobre-a sobre ela mesma e, com a base dos punhos, empurre para a frente, grosseiramente, de forma rápida e vigorosa. Repita cerca de 50 vezes, até que ela esteja homogênea e elástica, e que mantenha a forma quando for esticada. Não deve grudar nas suas mãos, a não ser que você belisque para tirar um pedaço.

Primeira fase do crescimento. Transfira a massa para uma tigela sem untar, com capacidade para 4 litros, e de bordas retas. Cubra com filme plástico e uma toalha, e coloque em um lugar sem corrente de vento — uma temperatura de 24°C é o ideal. A massa vai crescer 1 ½ seu tamanho, geralmente em cerca de 1 hora.

O DESCANSO DA MASSA.

A farinha de trigo contém tanto amido quanto glúten. O glúten mantém as partículas juntas e permite o crescimento da massa. Entretanto, ele vai ficando mais resistente à medida que a massa é trabalhada, e ela se torna cada vez mais difícil de ser manipulada. Se sua massa não abrir facilmente, pare e deixe descansar por cerca de 10 minutos. O glúten vai relaxar, e então você pode seguir em frente.

Segunda fase do crescimento. Coloque a massa numa superfície ligeiramente enfarinhada. Forme com ela um retângulo de 35 cm e dobre em três, como se fosse uma carta comercial. Repita a operação e retorne à tigela sem untar; cubra e deixe crescer novamente. Agora ela vai crescer de 2 ½ a 3 vezes o tamanho original, geralmente entre 1 hora e 1h30 hora. Quando tiver quase triplicado, a massa está pronta para ser modelada e assada.

TEMPERATURA PARA O CRESCIMENTO.

O ideal é que esteja entre 21°C e 24°C. Mais quente do que isso, o crescimento é muito rápido e você perde no desenvolvimento do sabor. Mais frio não tem problema, até mesmo na temperatura da geladeira — você consegue que o sabor se desenvolva —, mas vai demorar mais para a massa crescer: quanto mais frio o ambiente, mais lento é o processo.

Para moldar e assar 2 pães baguete compridos

Os movimentos muito especiais, aqui, são feitos para forçar a massa a desenvolver uma camada de glúten que se conserva enquanto assa, para conferir ao pão sua forma característica. Mantenha a superfície de trabalho levemente enfarinhada o tempo todo, para que a camada que gradualmente se forma não desapareça. E coloque uma toalha macia de algodão ou linho, levemente enfarinhada, sobre uma grande assadeira sem lados (ou uma assadeira virada para baixo) que vai acomodar os pães.

Divida a massa em duas partes e dobre cada pedaço na metade. Cubra um deles; com o outro, forme um retângulo de mais ou menos 20 cm a 25 cm.

Dobre ao meio no sentido do comprimento. Com os punhos, pressione as pontas de maneira firme e trabalhe a massa para que ela volte, mais ou menos, ao tamanho original.

Role a massa para que a junção entre os dois lados fique voltada para cima; com a lateral da mão, faça um sulco nessa junção.

Usando o sulco como guia, dobre a massa na metade, no sentido do comprimento, e novamente pressione as pontas de maneira firme, para prendê-las.

Começando do centro, comece a enrolar essa tira de massa sob as palmas abertas de suas mãos, gradualmente movendo as mãos para os lados e esticando a massa enquanto enrola. Alongue a massa até chegar a 45 cm (não pode ser maior do que a superfície que você vai usar para assar!) e coloque na toalha enfarinhada, com a junção para cima. Agora, gosto de beliscar as pontas para ter certeza de que estão bem unidas e alongadas. Cubra, folgadamente, com outra toalha enfarinhada enquanto modela o segundo pão, do mesmo jeito. Faça uma prega na toalha para separar os dois pães e coloque o primeiro ao lado do segundo.

Fase final de crescimento. Cerca de 1 a 1 ½ hora. Cubra os dois pães com a toalha enfarinhada e espere crescer até que dobrem de volume. Enquanto isso, deixe tudo pronto para assar, para que você possa proceder imediatamente.

EQUIPAMENTO NECESSÁRIO PARA ASSAR PÃO BAGUETE.

A baguete não só cresce sem uma forma definida, mas também assa sem uma forma definida — e não em uma assadeira própria. É difícil, e até frustrante, tentar fazê-lo sem o equipamento certo. Eis o que você precisa.

Uma superfície quente para assar. O pão baguete não assa direito sobre o metal. Ele precisa ser deslizado sobre uma pedra para assar ou para fazer pizza, ou você pode forrar a grade do forno com uma telha rústica — disponível em algumas lojas de utensílios culinários ou de materiais para construção.

Tábuas para deslizar e desenformar os pães. A massa crescida é tirada da toalha enfarinhada e deslizada para a superfície quente.

Eu uso tábuas de madeira compensada com 1 cm de espessura, compradas em lojas de materiais para construção: uma de 20 cm por 50 cm para um único pão e uma de 50 cm, 5 cm mais estreita que a largura do meu forno, para deslizar vários pães compridos ou bisnaguinhas.

Farinha de milho. Uma leve camada de farinha de milho polvilhada sobre a tábua impede a massa de grudar.

Vapor. Para prolongar o crescimento e firmar a casca, você precisa de vapor nos primeiros segundos do pão no forno. Num forno elétrico, despeje ½ xícara de água no fundo, imediatamente antes de fechar a porta. Num forno a gás, coloque uma frigideira de ferro fundido na parte mais baixa enquanto ele está sendo preaquecido e despeje a água dentro dela quando for a hora.

Para assar 2 pães baguete. Coloque a grelha na parte do meio ou inferior do forno, ajeite as pedras ou telhas sobre ela e preaqueça a 230°C. Polvilhe a tábua para deslizar, levemente, com farinha de milho; mantenha à mão uma tábua para desenformar e um termômetro instantâneo de cozinha.

Retire a toalha que cobre os pães e coloque a tábua contra o lado de dentro de um deles; levante a toalha do outro lado e vire o pão, com o lado mais macio para cima, sobre a madeira; empurre para um dos lados da tábua. Repita com o segundo pão. Ajeite os dois para que a ponta de ambos coincida com o fim da tábua.

Com uma lâmina de barbear segurada quase na horizontal, faça 3 cortes, ligeiramente diagonais, em cima de cada pão. Abra a porta do forno. Posicione a tábua de deslizar de forma que a ponta dos pães esteja a cerca de 2,5 cm do fundo do forno; então, dê um ligeiro tranco na tábua para que os pães se depositem sobre a superfície quente. Imediatamente, ponha ½ xícara de água sobre a base do forno, ou sobre uma frigideira quente (veja quadro, página 165). Feche a porta do forno. Asse por 20 minutos, reduza a temperatura para 200°C e asse por mais 10 minutos, até que esteja pronto (veja quadro abaixo). Retire e deixe esfriar sobre uma grade.

QUANDO O PÃO ESTÁ PRONTO?

Os pães devem parecer leves e fazer um agradável barulho quando você dá uma batida neles — mas não estarão prontos até que um termômetro de leitura instantânea, deixado neles por vários segundos, marque 93°C.

Variações

Baguetes pequenas. Depois da segunda fase do crescimento, divida a massa em 3 partes iguais. Modele, enrole e estique cada uma em formato de corda fina (5 cm de diâmetro); deixe descansar até que dobrem de tamanho. Asse como descrito acima, mas cheque para ver se estão prontas 5 minutos depois de reduzir a temperatura para 200°C.

Pão caipira redondo. Depois da segunda fase do crescimento, transfira a massa para uma superfície enfarinhada; trabalhe como descrito na receita básica. Use toda a massa para 1 pão grande, ou divida ao meio para 2 menores.

Forme um disco com a massa. Levante um dos lados e leve quase até o outro lado; gire a bola e repita por 6 a 8 vezes, até obter uma bola grossa. Vire a massa e gire-a entre as palmas de suas mãos, enfiando os lados para baixo, enquanto trabalha, para obter uma bola homogênea e redonda.

Vire a massa com o lado liso para baixo. Feche as pontas, coloque a massa numa toalha enfarinhada e cubra com outra toalha. (Repita com a outra porção de massa, se estiver fazendo 2 pães.)

Deixe crescer até que dobre de volume. Prepare e preaqueça o forno a 230°C, como na receita básica. Transfira os pães, com o lado liso para cima, para a tábua de deslizar, polvilhada com farinha de milho. Com uma lâmina, faça cortes decorativos, como um quadriculado ou uma árvore com galhos. Deslize para o forno, providencie o vapor e asse como na receita básica. Pães grandes podem requerer mais 10 a 15 minutos, no forno a 190°C, para terminar o cozimento.

Usando uma forma de pão. Unte uma forma (para bolo inglês) com capacidade para 2 litros. Modele a massa em um retângulo, um pouco menor do que a forma. Dobre ao meio, no sentido do comprimento, duas vezes, para formar um retângulo uniforme (como para os pães compridos). Coloque na forma com o lado da junção para baixo, pressionando nas quinas. Deixe crescer até dobrar de tamanho.

Enquanto isso, coloque a grelha na parte inferior e preaqueça o forno a 230°C. Com uma lâmina, faça um corte vertical, no meio do pão, e asse por 20 minutos; reduza a temperatura para 200°C. Quando estiver pronto (veja quadro, página 166), tire da forma e deixe esfriar sobre uma grade.

Bisnaguinhas. Depois da segunda fase do crescimento, divida a massa em 12 porções. Dobre cada uma ao meio. Uma de cada vez (ou duas, quando você tiver experiência), enrole sob a palma da mão para formar uma bola. Aperte o lado de baixo, para fechar, e coloque sobre uma toalha ligeiramente enfarinhada, com o lado liso para cima. Cubra com uma outra toalha e deixe crescer até dobrar de tamanho.

Prepare e preaqueça o forno a 230°C, como na receita básica. Arrume as bisnaguinhas na ponta da tábua de deslizar polvilhada com farinha de milho — 3 ou 4 de cada vez, com o lado liso para cima. Em cada um deles, faça um corte circular ao redor dos lados ou uma cruz por cima. Deslize para a pedra de assar e, rapidamente, trabalhe os outros pãezinhos. Providencie o vapor como na receita básica. Asse por 15 a 20 minutos, reduza a temperatura para 190°C e asse por mais uns minutos, até que fiquem prontos (veja quadro, página 166).

> ### MISTURANDO E AMASSANDO À MÃO.
>
> Se você quiser preparar a massa inteiramente à mão, misture os ingredientes numa tigela, com uma colher de pau resistente, e depois transfira para uma superfície de trabalho ligeiramente enfarinhada. Nos primeiros momentos, trabalhe com uma espátula, pegando porções da massa e jogando para baixo, até que ela comece a encorpar. Deixe descansar por 5 minutos. Então comece a amassar, com as mãos, como descrito no quadro da página 162.

Pizza. Para 2 *pizzas* de tomate com 40 cm. Coloque a grelha na parte inferior do forno e preaqueça, junto com a pedra para assar ou com a telha rústica, a 230°C.

Forme 2 bolas lisas com a massa, cubra e deixe descansar. Depois de 10 minutos, polvilhe ligeiramente uma pá de *pizza* com farinha de trigo; abaixe e estique a massa, abrindo e pressionando com os dedos para formar um disco fino sobre a pá, ou estique e rodopie da maneira profissional, virando com os punhos — mas você vai ter que ver antes para aprender como fazer isso!

Pincele a massa, generosamente, com azeite de oliva, polvilhe com ½ xícara de um queijo firme, ralado, e espalhe 2 xícaras de molho fresco de tomate (página 65). Regue com mais azeite de oliva, polvilhe com cerca de ½ xícara de mozarela ralada, um pouco de tomilho, orégano ou ervas italianas, e um pouco de sal e pimenta-do-reino. Regue com mais azeite e mais ½ xícara de queijo firme, ralado.

Deslize para a pedra quente e asse por 10 a 15 minutos, ou até que a cobertura esteja borbulhando, as bordas tenham crescido e o fundo esteja crocante. Prepare a segunda *pizza* enquanto a primeira está assando.

Na máquina: pão branco para sanduíche — *pain de mie*

Nem sempre é fácil encontrar um bom pão para sanduíche, e quando preciso de apenas um deles, gosto de usar a máquina de pão. Não asso no aparelho, porque não gosto da aparência do pão que sai dele, mas é útil para preparar a massa e para as fases do crescimento. Eis minha fórmula, para qualquer máquina de tamanho padrão.

Para um pão assado numa forma (bolo inglês) de lados retos, com capacidade para 8 xícaras

Faça a prova de 2 colheres (chá) de fermento (veja quadro, página 162) em 1 ½ colher (sopa) de água morna, com 1 pitada de açúcar. Enquanto isso, derreta 50 g de manteiga sem sal, grosseiramente fatiada, em ½ xícara de leite, e refresque adicionando 1 xícara de leite frio. Ponha na máquina junto com 2 colheres (chá) de sal, 1 ½ colher (chá) de açúcar, 3 ½ xícaras de farinha de trigo e o fermento. Ligue a máquina e siga as instruções para "massa". Depois que crescer, tire a massa, abaixe, dobre em três e volte à máquina para um segundo crescimento. Então ela está pronta para ser modelada e assada.

Você pode assar como indicado em "Usando uma forma de pão", na página 167, ou, para um pão retangular, de topo reto, encha a forma untada até não mais do que ⅓ de sua capacidade; deixe crescer até dobrar de tamanho. (Use a massa que sobrar para fazer bisnaguinhas ou pães menores.) Cubra a assadeira com papel-alumínio untado e leve à parte inferior do forno preaquecido a 220°C. Por cima da folha de alumínio, coloque uma assadeira e, dentro dela, um peso de 2,2 kg, que pode ser um tijolo ou um objeto de metal.

Asse por 30 a 35 minutos, até que a massa tenha crescido na forma e que esteja ficando dourada. Retire a assadeira que está por cima e asse por mais cerca de 10 minutos, até que o pão saia fácil da forma. A temperatura interna deve ser de 93°C.

DUAS SOBREMESAS FEITAS COM PÃO

Charlotte de maçã
Rende 10 porções

1,8 kg de maçãs firmes que mantenham sua forma depois de cozidas, como as do tipo Golden (verdes), descascadas e cortadas em pedaços de 1,5 cm

2/3 xícara de manteiga clarificada (veja quadro, página 75)

½ xícara de açúcar mascavo

Casca ralada de 1 limão siciliano

1 pequena pitada de canela em pó

1/3 xícara de geleia de damasco peneirada

2 colheres (chá) de extrato puro de baunilha

3 colheres (sopa) de rum escuro

13 fatias de pão caseiro para sanduíche (receita anterior), sem casca

1 xícara de calda de damasco (veja quadro, página 202)

1 ½ xícara de crème anglaise (página 156)

Salteie os pedaços de maçã em 2 colheres (sopa) de manteiga, por 2 a 3 minutos. Polvilhe com o açúcar mascavo e a casca de limão e cozinhe por mais 5 minutos, ou mais, até que as maçãs comecem a dourar e caramelizar. Junte a canela, geleia de damasco, baunilha e rum, e salteie por cerca de 2 minutos, até que as maçãs tenham absorvido o líquido.

Coloque as grelhas na parte central e de baixo do forno e preaqueça a 220°C. Numa superfície de trabalho, arrume 4 fatias do pão, formando um quadrado. Sobre elas, centralize uma assadeira circular, de bordas retas e capacidade para 6 xícaras, e corte ao redor dela para formar um círculo de pão em 4 pedaços; reserve. Corte um círculo de 5 cm de outra fatia, e reserve.

Numa frigideira, aqueça 3 colheres (sopa) de manteiga e doure dos dois lados os pedaços de pão reservados, incluindo o círculo. Doure também as aparas. Unte o fundo da assadeira e forre com um círculo de papel-manteiga. Sobre ele, arrume os 4 pedaços de pão dourado (mas reserve o círculo pequeno). Corte ao meio as outras fatias de pão. Uma a uma, mergulhe-as na manteiga restante e disponha na lateral da assadeira, sobrepondo-as ligeiramente. Às colheradas, distribua camadas das maçãs salteadas, alternando com as aparas de pão (que ajudam a firmar o recheio), até formar um montinho com cerca de 2 cm acima da borda da assadeira.

Coloque na grelha central do forno e disponha uma panela na grelha de baixo para recolher qualquer respingo que cair da assadeira. Asse por cerca de 30 minutos, pressionando as maçãs para baixo, diversas vezes, com uma espátula, até que as fatias de pão nas laterais estejam belamente douradas. Retire do forno e deixe descansar por pelo menos 1 hora. Desenforme sobre um prato de servir; pincele o topo e os lados com a calda de damasco; coloque o pequeno círculo de pão por cima e pincele também. Sirva morno ou frio, com o *crème anglaise* da página 156.

Pudim de pão

Para uma tigela com 5 cm de profundidade e capacidade para 6 xícaras; rende 6 a 8 porções

4 colheres (sopa) de manteiga sem sal, amolecida

6 ou 7 fatias de pão caseiro para sanduíche, com casca

¼ xícara de açúcar misturada a 2 colheres (chá) de canela em pó

5 ovos grandes

5 gemas

¾ xícara de açúcar

3 ¾ xícaras de leite quente

1 ½ colheres (sopa) de extrato de baunilha

Espalhe metade da manteiga em um dos lados das fatias de pão. Coloque-as com o lado untado para cima numa grelha e polvilhe com o açúcar misturado com canela. Vigiando, cuidadosamente, ponha no forno preaquecido por alguns segundos, até que o açúcar borbulhe. Corte cada fatia de pão em 4 triângulos. Com a manteiga restante, unte a tigela e encha com os triângulos tostados, com o lado açucarado para cima.

Prepare uma receita de *crème anglaise* (página 156) com os ovos, gemas, açúcar, leite e baunilha; passe metade dele por uma peneira e disponha sobre as torradas na tigela. Deixe descansar 5 minutos, para que o pão absorva o creme; então junte o restante, depois de também passar pela peneira.

Coloque a tigela sobre uma assadeira e leve à parte central do forno preaquecido a 175°C. Despeje água fervente na assadeira até que ela atinja metade da altura da tigela. Asse por 25 a 30 minutos, mantendo o banho-maria abaixo do ponto de fervura. Está pronto quando um palito enfiado a cerca de 2,5 cm da borda da tigela sair limpo.

Sirva quente, em temperatura ambiente, ou frio, acompanhado por molho de frutas ou frutas frescas em pedaços. (O pudim se mantém por 2 dias na geladeira.)

CREPES – PANQUECAS FRANCESAS FININHAS

Fáceis de fazer, os crepes são muito úteis para criar pratos principais e sobremesas simples e elegantes. O que também ajuda é a possibilidade de preparar uma boa quantidade deles e congelar os extras, que rapidamente podem se transformar numa refeição ligeira.

Receita básica

Crepes
Rende cerca de 20 crepes de 12 cm ou 10 crepes de 20 cm

1 xícara de farinha de trigo
(peneirada e medida como
indicado no quadro da página 191)

2/3 xícara de leite frio

2/3 xícara de água fria

3 ovos grandes

¼ colher (chá) de sal

3 colheres (sopa) de manteiga

derretida, mais um pouco para a frigideira

Misture todos os ingredientes no liquidificador ou no processador, ou com um batedor de arame, até ficarem homogêneos. Deixe ½ hora, ou mais, na geladeira. O descanso permite que as partículas de farinha absorvam o líquido, o que resulta num crepe mais macio. Aqueça uma frigideira antiaderente com fundo de 12 cm a 20 cm até que gotas de água "dancem" dentro dela; pincele, ligeiramente, com manteiga derretida. Coloque 2 a 3 colheres (sopa) da massa e gire a frigideira em todas as direções, para cobrir o fundo. Frite por cerca de 1 minuto, ou até que esteja dourada por baixo; vire e frite brevemente do outro lado. Deixe esfriar numa grelha enquanto você prepara o resto. Quando estiverem frios, empilhe os crepes e leve à geladeira por 2 dias, ou congele por várias semanas.

PANQUECAS SALGADAS E DOCES

Panquecas de espinafre e cogumelos
Rende 8 unidades; 4 porções

Prepare 2 xícaras de molho bechamel (página 32); 1 ¼ xícara de espinafre cozido e picado, bem temperado (página 57); 1 xícara de cogumelos do tipo *champignon* de Paris em quartos, salteados (página 67). Espalhe uma fina camada do molho no fundo de uma tigela para gratinar, untada, e polvilhe com 2 colheres (sopa) de queijo suíço ralado. Misture o espinafre e os cogumelos com ½ xícara do molho e divida em 8 porções. Espalhe cada porção em metade de cada crepe. Enrole e arrume-os na tigela, com a emenda voltada para baixo. Cubra com o molho restante e polvilhe com mais ½ xícara de queijo ralado. Asse na parte superior do forno preaquecido a 190°C por 25 a 30 minutos, até que esteja borbulhando e ligeiramente dourado por cima.

Crepes de morango
Rende 8 unidades; 4 porções

Misture 300 g de morangos frescos fatiados com 1 ou 2 colheres (chá), cada, de açúcar e *kirsch*, licor de laranja ou conhaque, e deixe descansar por 1 hora. Escorra, espalhe os morangos na metade de um crepe e enrole. Arrume 2 crepes, com a emenda voltada para baixo, em cada prato de servir. Regue com um pouco de suco de morango e cubra com creme de leite fresco batido — creme chantili (página 198).

CREPES EM CAMADAS: GÂTEAUX SALGADOS E DOCES

Torre de crepes com lagosta, brócolis e cogumelos
Para 10 a 12 crepes; rende 5 a 6 porções

Misture ½ xícara de queijo suíço ralado em 2 xícaras de molho bechamel (página 32) morno, obtendo com isso o molho Mornay. Prepare 2 xícaras de lagosta cremosa (veja quadro, página 134) usando ½ xícara desse molho em vez do creme de leite. Misture ½ xícara de molho a 2 xícaras de flores de brócolis (página 56) e outra ½ xícara de molho a 2 xícaras de cogumelos em quartos, salteados (página 67).

Coloque um crepe grande numa assadeira e espalhe sobre ele metade de um dos recheios; cubra com outro crepe e metade de outro recheio; repita com mais um crepe e metade do terceiro recheio. Faça outras três camadas, finalize com um crepe e espalhe por cima o molho restante.

Asse por 30 minutos no forno preaquecido a 200°C, ou até que esteja borbulhando e levemente dourado.

Gâteau de sobremesa com crepes à *la Normande*
Para 12 crepes; rende 5 a 6 porções

Espalhe 4 a 5 xícaras de maçãs verdes do tipo Golden, sem casca e fatiadas, numa assadeira grande; polvilhe com ⅓ xícara de açúcar e regue com 4 colheres (sopa) de manteiga derretida. Asse no forno a 175°C por 15 minutos, ou até as maçãs ficarem macias. Coloque um crepe pequeno numa tigela untada, cubra com uma camada das maçãs e polvilhe com 1 colher (sopa) de pedacinhos de *macarons*; regue com gotas de manteiga derretida e gotas de conhaque. Sobreponha outro crepe e nova camada de maçãs e pedacinhos; repita até obter 10 ou 11 camadas. Regue com manteiga derretida, polvilhe com açúcar e asse em forno a 190°C até que esteja quente e borbulhante.

Outros recheios
Para crepes salgados. Use qualquer recheio e molho sugerido para as omeletes nas páginas 134.

Para crepes doces. Um dos mais simples, e dos mais deliciosos para servir como um agrado à família, é untar os crepes com manteiga amolecida, polvilhar açúcar, enrolar, polvilhar mais açúcar e assar a 190°C até que estejam bem quentes. Sirva como estão, ou flambe com conhaque ou licor de laranja. Ou, então, enrole-os com geleia de damasco, morango ou framboesa; ou geleia de laranja; ou a maravilhosa manteiga com laranja usada para os crepes Suzette, a seguir.

Crepes Suzette
Para 12 crepes; rende 6 porções

2 laranjas frescas e firmes, de casca brilhante

½ xícara, mais 1 colher (sopa) de açúcar

200 g de manteiga sem sal

3 colheres (sopa) de licor de laranja para a manteiga, mais ¼ xícara para flambar

Cerca de ½ xícara de suco de laranja coado

12 crepes (com 12 cm, veja página 174)

¼ a ⅓ xícara de conhaque

Descasque as laranjas (somente a parte amarela) e passe no processador com ½ xícara de açúcar. Junte a manteiga; quando estiver cremoso, junte, em gotas, 3 colheres (sopa) de licor de laranja e o suco de laranja. Num *réchaud* ou frigideira grande, ferva a manteiga de laranja por 4 ou 5 minutos, até ficar licorosa. Um de cada vez, banhe rapidamente os crepes na manteiga; dobre ao meio, com o lado mais bonito para fora, e ao meio novamente, para formar um triângulo.

Arrume os crepes de forma atraente no *réchaud* e polvilhe com 1 colher (sopa) de açúcar. Numa concha, misture o conhaque e o licor de laranja restante e regue os crepes com o líquido. Quando estiver borbulhando, incline a panela em direção à chama ou acenda com um fósforo e espalhe o líquido flamejante sobre os crepes. Sirva em pratos bem aquecidos.

Variação

Crepes com manteiga de laranja e amêndoas. Bata ½ xícara de amêndoas ou *macarons* moídos e ¼ colher (chá) de extrato de amêndoas na manteiga de laranja da receita anterior. Espalhe sobre 18 crepes pequenos, dobre em triângulos e arranje, sobrepondo-os, numa tigela. Polvilhe com 3 colheres (sopa) de açúcar e aqueça em forno a 190°C por 15 minutos, até que as pontas dos crepes comecem a caramelizar. Ponha ⅓ xícara (cada) de licor de laranja e conhaque numa panela pequena, aqueça e acenda com um fósforo. Espalhe o líquido flamejante sobre os crepes e sirva.

TORTAS

Exceto pela confecção da massa, tortas estão entre os tesouros culinários mais fáceis de se produzir — e o processador de alimentos torna isso ainda mais descomplicado. Claro que você pode comprar uma base pronta para torta, mas é uma vergonha não saber prepará-la.

MANTENHA GELADO!

Massas com alto teor de gordura, como essa, amolecem rápido em temperatura ambiente e tornam o trabalho difícil, para não dizer impossível. Se isso acontecer com você, pare e leve a massa à geladeira por 20 minutos. Para facilitar as coisas para mim, comprei um pedaço de mármore que agora mora na geladeira; tiro a pedra e uso como superfície de trabalho sempre que preparo alguma massa.

Receita básica

Massa para tortas – *pâte brisée*
Rende o suficiente para 2 formas redondas de 23 cm ou para uma assadeira de 35 cm por 45 cm

Você vai reparar na mistura de farinhas e gorduras, aqui. Sem ela, nossa farinha comum americana, relativamente rica em glúten, pode deixar a massa quebradiça, e não macia. Se você conseguir "farinha de confeiteiro", pode usá-la sozinha, junto com manteiga (e não com a mistura de manteiga e gordura vegetal).

1 ½ xícara de farinha de trigo
(peneirada e medida como
indicado no quadro da página 191)

½ xícara de farinha para bolo

1 colher (chá) de sal

170 g de manteiga sem sal,
gelada, em cubinhos

4 colheres (sopa) de gordura
vegetal, gelada

½ xícara de água gelada, mais
algumas gotas, se necessário

Coloque as farinhas, sal e manteiga na tigela do processador equipado com a lâmina de aço. Pulse 5 ou 6 vezes, em intervalos de ½ segundo, para desintegrar a manteiga. Junte a gordura vegetal, ligue o aparelho e imediatamente adicione a água gelada, pulsando 2 ou 3 vezes. Remova a tampa do processador e observe a massa, que deve se parecer com um amontoado de pequenos grumos; quando você pegar um punhado e apertar, ele precisa se manter unido. Se estiver muito seca, pulse com algumas gotas de água.

Transfira a massa para a superfície de trabalho e, com a base de seu punho, rapidamente forme na sua frente bolas do tamanho de um ovo. Junte toda a massa numa só bola lisa, embrulhe em filme plástico e deixe na geladeira por pelo menos 2 horas (ou até 2 dias), ou congele por vários meses.

ONDE ASSAR.

Asse sua base para torta num aro de metal untado, disposto sobre uma assadeira também untada, ou numa forma de fundo removível, ou numa forma com buraco no meio, ou numa forma para bolo. Ou você pode deixar a imaginação trabalhar e modelar a base da forma como quiser sobre uma assadeira untada.

Variação

Massa doce para tortas de sobremesa. Use a mesma fórmula, mas diminua a quantidade de sal para ¼ colher (chá) e inclua 2 colheres (sopa) de açúcar.

Modelando a massa de torta

Para uma base de 23 cm, modelada num aro de metal. Unte o aro e uma assadeira. Divida a massa gelada na metade e mantenha uma das porções embrulhada e refrigerada. Rapidamente, numa superfície de trabalho ligeiramente enfarinhada, abra a outra metade num círculo com 0,3 cm de espessura e 4 cm maior do que o anel.

Envolva o rolo com a massa e desenrole sobre o aro; gentilmente, pressione no lugar. Para reforçar os lados, empurre a massa cerca de 1 cm para baixo, em toda a volta. Passe o rolo por cima do anel para aparar o excesso de massa e, então, empurre-a 0,5 cm para cima, dos lados, para formar a borda.

Pressione os dentes de um garfo, na horizontal, para formar um desenho decorativo na borda; depois, fure com o garfo o fundo da massa. Cubra com filme plástico e leve à geladeira por pelo menos 30 minutos antes de assar.

> ### UM BOM ROLO DE ABRIR MASSAS.
> Consiga um rolo liso com cerca de 45 cm de comprimento e 4,5 cm de diâmetro. Ou use um rolo italiano de macarrão.

Sobre uma forma virada de ponta-cabeça. Unte a parte de fora de uma forma de metal e coloque-a, virada de ponta-cabeça, sobre uma outra assadeira. Desenrole a massa, folgadamente, sobre a forma e pressione-a gentilmente no lugar. Para reforçar as laterais, use o dedão para empurrar a massa sobre as paredes da forma. Pressione os dentes de um garfo, na horizontal, para formar um desenho decorativo na borda

Para uma base retangular. Abra a massa gelada num retângulo de 40 cm por 50 cm, com 0,3 cm de espessura. Envolva no rolo e desenrole sobre uma assadeira levemente untada. Apare os lados para que fiquem perfeitamente retos, então corte uma tira da massa com 2,5 cm de largura de cada lado do retângulo. Umedeça a borda exterior do retângulo com água fria e coloque as tiras por cima, para formar uma borda levantada. Pressione as tiras com os dentes de um garfo para decorar e fure o fundo. Embrulhe e leve à geladeira.

Preassando a base – "Assando no escuro"
Você sempre terá uma massa de torta mais crocante se assá-la antes de colocar o recheio — para então assar novamente.

Coloque a grelha na parte inferior do forno e preaqueça a 230°C. Para uma base de anel, fundo removível ou retangular, unte o lado brilhante de um pedaço de papel-alumínio vários centímetros maior do que a massa. Pressione ligeiramente, com o lado untado voltado para baixo, sobre o fundo e os lados da massa gelada. Para evitar que o fundo cresça e os lados abaixem, encha com feijões ou arroz cru, ou com "pesos para torta", certificando-se de apoiá-los também contra os lados da base.

    Asse por 10 a 15 minutos, até que o fundo esteja firme, mas ainda macio. Retire o papel alumínio e os feijões, fure o fundo novamente com um garfo e retorne ao forno. Para um cozimento parcial, asse por cerca de mais 2 minutos, até que a massa comece a dourar e a se descolar dos lados (se estiver num anel). Para uma massa completamente assada, deixe por mais 4 minutos, até que esteja ligeiramente dourada.

RECEITA BÁSICA PARA TORTA SALGADA

Quiche Lorraine
Para uma quiche de 23 cm; rende 6 porções

6 fatias de bacon frito, crocante

1 base para torta de 23 cm, parcialmente assada (veja acima)

3 ovos grandes

Cerca de 1 xícara de creme de leite fresco

Sal, pimenta-do-reino moída na hora e noz-moscada

    Preaqueça o forno a 190°C. Quebre o bacon em pedaços e distribua sobre a base da torta. Misture os ovos com creme de leite suficiente para obter 1 ½ xícara de um creme, e tempere a gosto.

Coloque na base da torta até preencher 2 cm. Asse por 30 a 35 minutos, ou até que cresça e esteja dourada. Desenforme sobre um prato redondo e sirva morna ou em temperatura ambiente.

> ### PROPORÇÕES PARA QUICHE.
>
> Qualquer quiche pode ser feita com creme de leite fresco ou com leite. As proporções são sempre 1 ovo, numa xícara-medida, mais leite ou creme de leite até obter ½ xícara; 2 ovos e leite ou creme de leite até obter 1 xícara; 3 ovos e leite ou creme de leite até obter 1 ½ xícara, e assim por diante.

Variações

Quiche de queijo e bacon. Siga a receita básica, mas polvilhe a base para torta com ½ xícara de queijo suíço ralado antes de juntar o creme; distribua 1 colher (sopa) de queijo por cima, antes de assar.

Quiche de espinafre. Misture ao creme 1 xícara de espinafre cozido e picado, bem temperado (página 57). Polvilhe 2 colheres (sopa) de queijo suíço ralado no fundo da base para torta, junte o creme, polvilhe com mais queijo por cima e asse como indicado.

Quiche de frutos do mar. Prepare os frutos do mar como indicado na página 134, mas exclua o creme de leite. Espalhe sobre a base para torta, cubra com o creme de ovos, polvilhe com 3 colheres (sopa) de queijo suíço ralado e asse como indicado.

Quiche de cebola e linguiça. Espalhe 2 xícaras de cebolas bem picadas e salteadas sobre a base para torta. Cubra com o creme e arrume, por cima, finas fatias de linguiça italiana cozida e ¼ xícara de queijo suíço ralado. Asse como indicado.

Outras dicas. Use cerca de 1 xícara para uma base de torta com 23 cm. Quase tudo comestível pode servir de recheio para quiche: de salmão cozido ou enlatado a atum, as flores de brócolis da página 56, a *pipérade* da página 68, a parte branca de um alho-poró, fatiada e salteada, cogumelos salteados, fígados de galinha e por aí vai.

Receita básica

Torta de maçã
Para uma base de torta com 23 cm; rende 4 a 6 porções

1 base para torta, assada, com 23 cm (página 180)

Geleia de damasco morna (veja quadro, página 202)

2 ou 3 maçãs verdes firmes (Granny Smith ou Golden), sem casca, miolo ou sementes, finamente fatiadas

2 colheres (sopa) de açúcar

Pincele o fundo da base para torta com geleia de damasco. Arrume as maçãs de um modo decorativo, preenchendo a massa; polvilhe com o açúcar. Asse na parte superior de um forno preaquecido a 190°C por 30 a 35 minutos, até que as maçãs estejam ligeiramente douradas e perfeitamente macias. Desenforme sobre um prato de servir e pincele as maçãs com mais geleia de damasco. Sirva morna ou fria.

Variações

Torta de maçã retangular. Modele uma base para torta com 35 cm por 45 cm, como descrito na página 181. Polvilhe a base com 2 colheres (sopa) de açúcar. Descasque, tire o miolo e fatie 3 ou 4 maçãs Golden e arrume-as em fileiras, sobrepondo as fatias. Polvilhe com mais açúcar. Asse e pincele com geleia como descrito na receita básica.

Torta de pera. Use peras maduras e firmes, como as Bartletts, em qualquer receita anterior para torta de maçãs.

Torta de morangos frescos. Pincele uma base para torta, assada, de 20 cm ou 23 cm, com calda morna de groselha (veja quadro, página 202). Arranje sobre ela 600 g de morangos sem cabo, de forma atraente, e pincele ligeiramente com mais calda. Sirva acompanhada por creme de leite batido.

Morangos e creme de confeiteiro. Depois de pincelar o fundo da base para torta, espalhe uma camada de creme de confeiteiro (página 158) com não mais de 0,5 cm; arrume os morangos por cima e complete a receita.

Outras ideias. Em lugar de morangos, use framboesas, amoras ou uma mistura de ambos; inclua uvas sem sementes, cortadas ao meio, e/ou uma camada de nozes picadas; ou fatias de pêssegos frescos ou em calda, damascos, peras; ou figos frescos cortados ao meio. Essa é uma boa oportunidade para você usar a criatividade.

A famosa torta invertida de maçã — *Tarte Tatin*
Rende 6 porções

Use uma frigideira pesada (que possa ir ao forno) de 23 cm e ⅓ a ½ receita de massa para torta, gelada (página 180). Coloque a grelha na parte inferior do forno e preaqueça a 220°C.

Corte as metades de 6 maçãs Golden, sem casca, miolo ou sementes, em 4 cunhas cada, e misture com a casca ralada e o suco de 1 limão e ½ xícara de açúcar. Deixe macerar por 20 minutos; escorra.

Na frigideira, aqueça 6 colheres (sopa) de manteiga sem sal

sobre fogo alto; junte 1 xícara de açúcar e cozinhe até que esteja borbulhando e dourado, com cor de caramelo.

Fora do fogo, arrume uma camada de maçãs de forma decorativa sobre o caramelo; ajeite o restante das maçãs por cima.

Leve ao fogo moderado e cozinhe por cerca de 25 minutos, tampando a panela depois de 10 minutos, e pressionando as maçãs para baixo de vez em quando enquanto pincela com o líquido que elas soltarem. Quando o líquido estiver grosso e licoroso, retire do fogo.

Abra a massa gelada em um círculo com cerca de 0,5 cm de espessura e 2,5 cm maior que o topo da frigideira. Coloque sobre as maçãs, pressionando os lados da massa entre as frutas e a parte interna da frigideira; corte 4 pequenos círculos, por cima, para permitir que o vapor saia. Asse por 20 minutos, até que a massa tenha dourado e esteja crocante.

Desenforme sobre um prato de servir de forma que a massa fique por baixo; sirva quente, morno ou frio, com creme de leite batido, creme azedo ou sorvete de baunilha.

PARA LIMPAR UMA PANELA QUEIMADA.

Encha a panela de água, juntando 2 colheres (sopa) de bicarbonato de sódio por litro. Ferva por 10 minutos, tampe e deixe de molho, fora do fogo, por várias horas, ou da noite para o dia. Os resíduos pretos devem sair facilmente com uma esponja dura.

TEMPO DE COZIMENTO – FORNO COMUM X FORNO ELÉTRICO.

Todos os tempos indicados neste livro foram calculados para fornos comuns. Fornos elétricos cozinham cerca de ⅓ mais rápido. Em outras palavras, um pernil de cordeiro que leva 2 horas a 160°C no forno comum vai provavelmente levar menos de 1 ½ hora no forno elétrico.

BOLOS E BISCOITOS

"Quando você aprende uma quantidade de coberturas e recheios, fazer um bolo torna-se apenas um trabalho de montagem."

Você encontrará todas as receitas comuns para bolo e biscoitos em diversos livros de cozinha, inclusive nos meus. Aqui vou apenas citar alguns de meus favoritos, e passar mais tempo falando dos "como" fundamentais: como bater claras em neve, como preparar a assadeira, como medir farinha e como derreter chocolate. Em vez de dar duas receitas gerais de bolo, vou me concentrar na *génoise*, a massa básica para bolos recheados, *petit-fours*, rocamboles, *cupcakes* e outros. Antes da batedeira elétrica, fazer esse bolo era uma tarefa e tanto, já que sua base é uma mistura de ovos e açúcar batidos por um bom tempo até produzir um creme grosso — árduo manualmente, mais fácil com um batedor portátil e realmente fácil quando você tem uma batedeira moderna, com base. Incluí um clássico bolo de amêndoas, um bolo de nozes, meu bolo preferido de chocolate e a sempre popular *dacquoise*, com suas camadas crocantes de merengue e nozes. Quando você tem algumas fórmulas para massa e recheios em seu repertório, percebe que fazer um bolo é, basicamente, um trabalho de montagem — dá para misturar e combinar de um jeito diferente a cada vez. Veja que só há uma receita para biscoitos — não coube mais!

BOLOS

Receita básica

Génoise
Rende cerca de 6 xícaras de massa, para um bolo redondo de 23 cm x 4 cm, ou um bolo redondo de 20 cm x 5 cm (ou o suficiente para 16 cupcakes, ou um bolo retangular de 30 cm x 40 cm)

½ xícara, mais ⅓ xícara, de farinha de trigo (peneirada e medida como indicado no quadro da página 191)

1 colher (sopa), mais ½ xícara, de açúcar

¼ colher (chá) de sal

¼ xícara de manteiga clarificada, morna (veja quadro, página 75)

4 ovos grandes

1 colher (chá) de extrato puro de baunilha

Preaqueça o forno a 180°C, coloque a grelha no centro e prepare a assadeira (veja quadro, página 191). Peneire a farinha de trigo com 1 colher (sopa) de açúcar e o sal e reserve a manteiga numa tigela com capacidade para 2 litros. Na tigela da batedeira, bata os ovos com o açúcar restante e a baunilha até que se "forme uma fita". De uma vez, rapidamente, peneire e misture ¼ da farinha, depois metade do restante da farinha e, por fim, a farinha que sobrou. Misture uma colherada dessa massa na manteiga clarificada e então junte a manteiga à massa restante. Transfira para a assadeira preparada, sem encher mais do que 0,5 cm. Bata a forma, levemente, numa superfície de trabalho para eliminar possíveis bolhas; asse por 30 a 35 minutos, até que o bolo esteja crescido, ligeiramente dourado, e que a massa comece a se descolar dos lados da assadeira. Deixe esfriar por 20 minutos antes de desenformar sobre uma grade. Espere esfriar completamente para rechear e cobrir.

Variações

Sugestão: bolo com recheio de chocolate. Prepare em dobro a receita de merengue italiano da página 200; inclua chocolate em metade dela, como indicado. Com uma faca comprida, de serra, corte o bolo ao meio, no sentido horizontal. Coloque a metade de baixo numa grade, sobre uma bandeja, e vire a outra metade com o lado cortado para cima. Regue as duas superfícies com calda de rum (veja quadro, página 198) e espalhe o merengue de chocolate na metade de baixo. Cubra com a outra parte do bolo, lado cortado voltado para baixo, e decore com o merengue italiano restante. Antes de servir, polvilhe com chocolate ralado.

PARA PREPARAR A ASSADEIRA.

Unte levemente o fundo e os lados com manteiga amolecida. Corte um pedaço de papel-manteiga para cobrir o fundo, pressione no lugar e unte com manteiga. Ponha ¼ xícara de farinha na assadeira, chacoalhe e vire em todas as direções para cobrir bem a superfície; vire a forma de cabeça para baixo e bata para tirar o excesso de farinha.

O MELHOR SISTEMA PARA MEDIR FARINHA.

Para evitar problemas, especialmente quando estiver preparando bolos, tortas e biscoitos, meça com precisão a farinha de trigo. Serve para todas as receitas deste livro: coloque a xícara-medida sobre um pedaço grande de papel-manteiga. Peneire a farinha sobre a xícara até que ultrapasse um pouco a borda; então, nivele a superfície com o lado reto de uma faca grande.

> **PARA GUARDAR O BOLO SEM COBERTURA NEM RECHEIO.**
>
> Quando estiver completamente frio, leve à geladeira num saco plástico de fecho hermético por vários dias, ou congele por várias semanas.

Cupcakes. Use a massa de *génoise* para *cupcakes*, seguindo as instruções para os *cupcakes* de amêndoas da página 194 — que estão entre meus preferidos, acompanhados de frutas e chá.

Rocambole. Preaqueça o forno a 190°C e coloque a grelha na parte inferior. Unte uma assadeira de 28 cm x 43 cm com manteiga amolecida e forre com papel-manteiga, deixando 5 cm a mais de cada lado; unte o papel no fundo da forma. Polvilhe a assadeira com farinha de trigo para cobrir a superfície e bata para tirar o excesso. Espalhe a massa de *génoise* e asse por cerca de 10 minutos, até que o bolo esteja ligeiramente dourado e elástico. Retire do forno. As precauções seguintes impedem o bolo de quebrar. Corte e retire 0,5 cm de cada extremidade do bolo. Polvilhe a superfície com açúcar de confeiteiro. Cubra com uma folha de papel-manteiga e uma toalha ligeiramente úmida. Coloque uma bandeja por cima da assadeira e vire. Segurando uma das pontas do papel-manteiga, levante a assadeira. Então, com muito cuidado, retire a folha de papel-manteiga que estava forrando a forma. Peneire 0,3 cm de açúcar de confeiteiro sobre o bolo e enrole na toalha úmida; pode levar à geladeira por 1 ou 2 dias. Se congelar, certifique-se de que ele tenha descongelado totalmente antes de desenrolar.

Sugestão: rocambole de damasco. Desenrole o bolo, regue com calda (veja quadro, página 198), espalhe o recheio de damasco (página 201) e decore com merengue amanteigado (página 200).

Bolo de amêndoas — *Pain de Gênes*

Um bolo de amêndoas especial. Para uma assadeira redonda de 23 cm x 4 cm, com capacidade para 6 xícaras. Preaqueça o forno a 175°C e prepare a assadeira (veja quadro, página 191). Meça ⅓ xícara de farinha de trigo e ponha na peneira. Prepare ¾ xícara de amêndoas branqueadas moídas (veja quadro, página 205) e bata 113 g de manteiga sem sal numa tigela, até que esteja fofo e cremoso. Enquanto isso, bata 3 ovos grandes com ¾ xícara de açúcar, 2 colheres (chá) de extrato puro de baunilha e ¼ colher (chá) de extrato de amêndoas até "formar uma fita" (veja quadro, página 196). Misture 3 colheres (sopa) desse creme à manteiga batida. Então junte ao creme a farinha de trigo, alternando com colheradas das amêndoas moídas, até que esteja quase tudo absorvido; por fim, acrescente a manteiga, às colheradas. Transfira para a assadeira preparada, bata levemente numa superfície de trabalho e asse no meio do forno por cerca de 30 minutos. Deixe esfriar por 20 minutos antes de desenformar sobre uma grade. Quando estiver frio, sirva como está, polvilhado com açúcar de confeiteiro, ou divida ao meio, no sentido horizontal, e recheie com algo como a manteiga de conhaque da página 201; cubra com glacê real (página 203).

MISTURANDO.

Misturar claras de ovo ou farinha ou creme batido ou qualquer coisa na massa é parte essencial do preparo de suflês e bolos. Você precisa incorporar um ao outro sem que eles percam o ar. Para isso, espete uma grande espátula de borracha, como uma faca, no centro da mistura, e arraste para o lado e para cima da tigela, em um movimento rápido, para subir um pouco do que está no fundo. Gire a tigela levemente e continue rápido e gentilmente, várias vezes, até que os elementos estejam combinados — mas não a ponto de mexer demais e perder o ar.

Variação

Cupcakes de amêndoas. Para 10 *cupcakes* assados em formas de *muffin* com capacidade para ⅓ xícara. Para desenformar com mais facilidade, unte as forminhas com uma pasta feita com 2 colheres (sopa) de farinha de trigo e 2 colheres (sopa) de manteiga clarificada derretida. Divida a massa entre as formas e asse por 15 minutos a 175°C, ou até que tenham crescido e estejam ligeiramente dourados. Espere esfriar por 15 minutos antes de desenformar. Quando frios, cubra com açúcar de confeiteiro ou glacê branco (veja página 203).

Le Brantôme – bolo de nozes em camadas

Outro bolo com nozes. Para dois bolos de 23 cm, recheados; rende 10 a 14 porções. Preaqueça o forno a 175°C, prepare as assadeiras e moa 1 xícara de nozes. Peneire 1 ½ xícara de farinha de trigo com 2 colheres (chá) de fermento em pó (veja quadro, página 191). Bata 1 ½ xícara de creme de leite fresco, gelado, até obter picos moles; junte 2 colheres (chá) de baunilha e uma pitada de sal. Por fim, bata 3 ovos grandes e 1 ½ xícara de açúcar, junte ⅔ da farinha, aos poucos, coloque por cima o creme de leite batido e mexa para misturar, alternando as nozes moídas e a farinha restante. Transfira a massa para as assadeiras e leve à parte central do forno por cerca de 25 minutos. Espere esfriar 10 minutos antes de desenformar sobre grades. Quando estiverem totalmente frios, recheie e cubra como descrito abaixo.

Bolo de nozes recheado e coberto. Ponha um dos bolos numa grade circular, sobre uma bandeja, e espalhe por cima uma camada de 0,5 cm de recheio, como a manteiga de conhaque da página 201. Vire o outro bolo de cabeça para baixo sobre o primeiro e pincele o topo e os lados com calda morna de damasco (veja quadro, página 202). Enquanto a calda ainda está morna, espalhe nozes picadas pelas laterais do bolo e transfira para um prato de servir. Cubra o topo com uma fina camada de glacê real (veja quadro, página 203) e decore, se quiser, com nozes pela metade.

La reine de Saba — bolo de chocolate e amêndoas Rainha de Sabá

Meu bolo de chocolate preferido. Para um bolo de 20 cm por 4 cm, rende 6 a 8 porções. Preaqueça o forno a 175°C, coloque a grelha na parte de baixo e prepare a assadeira. Meça ½ xícara de farinha para bolo (veja quadro, página 191), peneirada, e ⅓ xícara de amêndoas branqueadas, moídas (veja quadro, página 205). Com um batedor elétrico, bata 113 g de manteiga sem sal com ½ xícara de açúcar até ficar cremoso; quando estiver fofo, junte 3 gemas de ovos, uma por vez, batendo sempre. Enquanto isso, derreta 85 g de chocolate meio amargo e 30 g de chocolate amargo com 2 colheres (sopa) de rum escuro ou café forte (veja quadro, página 202); adicione o chocolate morno à mistura de gemas. Bata 3 claras em neve até obter picos firmes e brilhantes (veja quadro, página 196), e junte ¼ delas às gemas. Rápida e delicadamente, acrescente o restante, alternando com polvilhadas das amêndoas e peneiradas da farinha. Transfira, imediatamente, para a assadeira preparada e asse por cerca de 25 minutos até que esteja crescido, mas que o centro ainda se mova ligeiramente quando a forma for chacoalhada gentilmente.

Espere esfriar por 15 minutos antes de desenformar. Esse tipo de bolo de chocolate é sempre melhor em temperatura ambiente. Sirva polvilhado com açúcar de confeiteiro ou com a cobertura de chocolate da página 201.

CLARAS DE OVO PERFEITAS.

Batedor elétrico. Tanto com um batedor portátil quanto com uma batedeira, use uma vasilha com fundo redondo, de vidro, aço inoxidável ou cobre, de tamanho suficiente apenas para acomodar os batedores — assim as claras ficam em constante movimento durante o processo. Isso é essencial para claras em neve — assim como para ovos inteiros batidos com açúcar. (Se você quiser cozinhar a sério, nunca vai se arrepender de investir numa batedeira para trabalhos pesados, com design profissional. Custa dinheiro, mas realmente dá conta do serviço e vai durar a vida inteira.)

Preparando os batedores e a tigela. Para ter certeza de que os batedores e a tigela estão completamente livres de gordura, ponha 1 colher (sopa) de vinagre e 1 colher (chá) de sal na tigela e esfregue com papel toalha; então, esfregue os batedores com o papel. Não enxágue, já que os traços de vinagre vão ajudar a estabilizar as claras. Certifique-se de que não haja nenhum traço de gema entre as claras.

Batendo. Se as claras estiverem geladas, coloque o fundo da tigela em água quente por cerca de 1 minuto para aquecê-las, ligeiramente, até a temperatura ambiente. Bata rápido por 2 ou 3 segundos, apenas para quebrá-las, então passe para a velocidade baixa e aumente gradualmente, prestando atenção para não bater demais, caso seu aparelho seja muito possante. Estarão prontas quando você levantar um pouco, com o batedor, e elas formarem picos firmes e brilhantes, que pendem um pouco para baixo nas pontas.

Batendo ovos inteiros e açúcar "até que se forme uma fita". Valem os mesmos princípios gerais: a relação entre batedor e tigela, equipamentos livres de gordura, aquecer os ovos sobre água quente se estiverem gelados. Bata por 4 a 5 minutos, ou mais, até que engrossem e a mistura esteja pálida, e até que um pouco da massa que cai do batedor forme uma fita grossa que se dissolve devagar na superfície do creme.

Bolos de merengue e nozes em camadas - Dacquoise

Mais fáceis de fazer do que os bolos convencionais, são sempre muito populares entre os convidados. Para 3 camadas, 10 cm x 40 cm, com 1 cm de espessura. Preaqueça o forno a 140°C e coloque as grelhas na parte de cima e de baixo. Unte duas assadeiras, polvilhe com farinha e chacoalhe para tirar o excesso, então marque nelas três retângulos de 10 cm x 40 cm. Moa 1 ½ xícara de amêndoas tostadas ou avelãs (certifique-se de que estejam frescas!) com 1 ½ xícara de açúcar; reserve. Bata ¾ xícara de claras de ovo (5 a 6) com uma boa pitada de sal e ¼ colher (chá) de cremor de tártaro até obter picos moles (veja quadro acima), e continue batendo enquanto acrescenta 1 colher (chá) de extrato puro de baunilha, ¼ colher (chá) de extrato de amêndoas e 3 colheres (sopa) de açúcar, polvilhando. Bata até obter picos firmes e brilhantes. (Isso é, agora, um merengue suíço, que você pode transformar em merengues individuais assados.) Polvilhe o açúcar misturado com as nozes moídas e misture rapidamente. Com um saco de confeitar, encha os três retângulos nas assadeiras. Leve imediatamente ao forno e asse por cerca de 1 hora, trocando as assadeiras de lugar a cada 20 minutos. Elas quase não devem corar, e estão prontas quando você conseguir empurrá-las. Se não forem usadas dentro de algumas horas, embrulhe a vácuo e guarde no freezer.

Sugestão para servir

Dacquoise de chocolate e avelãs. Apare as bordas das camadas de merengue com uma faca de serra e pincele sobre cada uma a calda de damasco (veja quadro, página 202). Recheie com *ganache* (página 201) ou merengue de chocolate (página 200), cobrindo também em cima e dos lados. Espalhe nozes picadas nas laterais do bolo e ajeite uma camada decorativa de chocolate em lascas ou ralado por cima. Cubra e leve à geladeira por várias horas, para amolecer o merengue e firmar o recheio, mas espere voltar quase à temperatura ambiente antes de servir.

CREME DE LEITE BATIDO.

Para cerca de 2 xícaras de creme de leite levemente batido — creme chantili. Ponha 1 xícara de creme de leite fresco, gelado, numa tigela de metal sobre outra tigela, maior, cheia de água e gelo. Para incorporar a maior quantidade de ar possível, você tanto pode usar um grande batedor de arame, com movimentos rápidos, de baixo para cima, ou usar um batedor elétrico portátil em movimentos circulares vigorosos. O creme demora vários minutos para engrossar. Estará pronto quando o batedor deixar leves traços na superfície e o creme se mantiver firme e macio quando levantado.

CALDA – PARA DAR SABOR E UMEDECER BOLOS EM CAMADAS.

Rende cerca de 1 xícara, suficiente para 3 camadas de bolo. Misture ⅓ xícara de água quente em ¼ xícara de açúcar; quando estiver dissolvido, junte ½ xícara de água fria e 3 a 4 colheres (sopa) de rum branco, licor de laranja, conhaque ou 1 colher (sopa) de extrato puro de baunilha. Regue cada camada de bolo antes de espalhar o recheio.

CALDAS DE AÇÚCAR PARA XAROPES E CARAMELO.

As proporções são sempre ⅓ xícara de água para 1 xícara de açúcar.

Xarope simples. Para umedecer camadas de bolo, por exemplo. Leve ao fogo e mexa até o açúcar estar completamente dissolvido.

Ponto de fio. Usado para cremes amanteigados e merengue italiano. Quando o açúcar estiver completamente dissolvido, tampe bem a panela e ferva sobre fogo alto — sem mexer, nunca – até que, quando você pegar um pouco da calda com uma colher de metal, as últimas gotas a caírem dela numa xícara de água fria formem fios.

Caramelo. Continue a cozinhar até que as bolhas estejam grossas; destampe a panela, gire devagar pelo cabo e ferva até que o xarope escureça e forme um caramelo. Transfira imediatamente para outra panela, para interromper o cozimento.

Para limpar panelas e colheres. Encha a panela com água, junte os talheres e ferva por alguns minutos para derreter o xarope.

RECHEIOS E COBERTURAS

Este é outro vasto assunto; vou falar apenas do essencial. O glorioso, mas complicado, creme de manteiga com base de gemas era o recheio e cobertura padrão da confeitaria clássica; porém, nestes tempos modernos, a igualmente deliciosa e bem mais simples *ganache*, feita apenas de chocolate derretido e creme de leite, conquistou seu lugar quando se pede chocolate. Mais uma vez, você vai encontrar receitas para todos os clássicos em outros livros de cozinha, incluindo alguns dos meus.

Merengue italiano

Para ser usado como cobertura, recheio e como acompanhamento. Suficiente para cobrir um bolo de 23 cm. Bata ⅔ xícara de claras de ovo (4 ou 5) com ¼ colher (chá) de cremor de tártaro e 1 pitada de sal até obter picos moles (veja quadro, página 196); abaixe a velocidade da batedeira. Enquanto isso, ferva 1 ½ xícara de açúcar e ½ xícara de água até o ponto de fio (veja quadro, página 196). Batendo os ovos em velocidade média, adicione, bem devagar, a calda quente. Aumente a velocidade para moderadamente rápido e continue a bater até que o merengue esteja frio e forme picos firmes e brilhantes.

Variações

Recheio de merengue amanteigado. Para um bolo de 23 cm. Bata 113 g de manteiga sem sal até ficar leve e fofa; então misture 1 a 1 ½ xícara de merengue italiano. Tempere com 1 colher (chá) de rum branco ou licor de laranja, ou com 2 colheres (sopa) de extrato puro de baunilha.

Recheio de merengue de chocolate. Para um bolo de 23 cm. Misture 110 g de chocolate meio amargo derretido, morno, à receita anterior de merengue amanteigado; tempere com 2 colheres (chá) de rum escuro.

> **SOBRAS.**
> Podem ser conservadas na geladeira, por diversos dias, ou congeladas por vários meses.

Recheio de creme de merengue. Para um bolo de 23 cm. Misture 1 xícara de merengue italiano e 1 xícara de creme de leite, levemente batido (veja quadro, página 198); tempere como indicado para o merengue amanteigado.

Ganache de chocolate

Para cobrir um bolo de 23 cm. Numa panela com capacidade para 1 ½ litro, esquente 1 xícara de creme de leite fresco até um pouco antes de ferver. Abaixe o fogo e misture 220 g de chocolate meio amargo, em pedaços. Mexa, vigorosamente, até que esteja derretido e homogêneo, então retire do fogo. Vai engrossar à medida que esfria.

Cobertura de chocolate

Para um bolo de 20 cm. Derreta 55 g de chocolate meio amargo, 30 g de chocolate amargo, 1 pitada de sal e 1 ½ colher (sopa) de rum ou café forte (veja quadro). Quando estiver liso e brilhante, junte, batendo, 6 colheres (sopa) de manteiga sem sal amolecida. Mexa sobre água fria até que a cobertura adquira consistência para ser espalhada.

Manteiga de conhaque

Para um bolo de 23 cm. Numa panela, em fogo moderado, bata 1 ovo com 3 colheres (sopa) de conhaque, 2 colheres (sopa) de manteiga sem sal, ½ colher (sopa) de amido de milho e 1 xícara de açúcar. Ferva em fogo baixo por 2 a 3 minutos, para cozinhar o amido; retire do fogo e bata com mais 2 a 4 colheres (sopa) de manteiga. O recheio vai engrossar à medida que esfria.

Recheio de damasco

Suficiente para um bolo de 23 cm, com 3 camadas. Ponha o conteúdo de 3 latas (480 g cada) de damasco em metades, com casca, numa peneira sobre uma panela. Quando estiver bem escorrido, pique os damascos e reserve. Ferva o suco com 3 colheres (sopa) de manteiga sem sal, ½ colher (chá) de canela, ⅓ xícara de açúcar, a casca ralada e o suco peneirado de 1 limão siciliano. Quando estiver grosso e licoroso, junte os damascos picados e ferva por alguns minutos, mexendo até que esteja firme o suficiente para manter a forma nas costas de uma colher.

PARA DERRETER CHOCOLATE

Chocolate derretido com um líquido. Sempre use a proporção de, no mínimo, 1 colher (sopa) de líquido para 55 g de chocolate. Para 1 ½ xícara. Quebre em pedaços pequenos 170 g de chocolate meio amargo e 55 g de chocolate amargo; ponha numa panela pequena e junte ¼ xícara de rum escuro ou café forte. Numa panela maior, ferva de 7,5 a 10 cm de água; retire do fogo, tampe a panela de chocolate e coloque-a dentro da água. Em 4 ou 5 minutos, ele terá derretido; mexa para deixar homogêneo.

Derretendo chocolate puro. Use o mesmo sistema, mas não deixe nenhum líquido chegar perto. Ou, para quantidades maiores, tampe a panela de chocolate e leve ao forno, a 40°C, onde vai derreter suavemente em cerca de meia hora.

Micro-ondas. Eu não uso para chocolate — é muito arriscado.

CALDAS DE FRUTAS PARA BOLOS E TORTAS

Calda de damasco. Passe pela peneira 1 xícara de geleia de damasco; misture com 3 colheres (sopa) de açúcar e, se quiser, 3 colheres (sopa) de rum escuro; ferva até que as últimas gotas a caírem de uma colher estejam grossas e pegajosas. Use morna.

Calda de groselha vermelha. Faça do mesmo modo, usando 1 ¼ xícara de geleia de groselha vermelha, sem peneirar, e 2 colheres (sopa) de açúcar.

> **GLACÊ REAL — COBERTURA DE AÇÚCAR BRANCO PARA BOLOS E BISCOITOS.**
>
> Numa tigela pequena, com o batedor elétrico manual, bata 1 clara com ¼ colher (chá) de suco de limão e 1 xícara de açúcar de confeiteiro peneirado. Junte, batendo, 1 colher (chá) de extrato puro de baunilha e, aos poucos, até 1 xícara de açúcar de confeiteiro, para obter uma pasta homogênea e grossa que forme picos firmes. Você vai bater por vários minutos. Se não usar o glacê imediatamente, cubra com papel toalha ligeiramente úmido.

BISCOITOS

Apenas uma receita de biscoitos! Mas uma muito útil, já que você pode usá-la não só para fazer biscoitos, como também para base de sobremesas enformadas — e pode transformar a massa num recipiente doce. Prepare uma boa quantidade, já que ela congela muito bem.

Línguas de gato — biscoitos de açúcar

Rende cerca de 30 biscoitos de 10 cm x 3 cm. Preaqueça o forno a 220°C e coloque as grades nas partes inferior e superior. Unte e enfarinhe 2 ou mais assadeiras (veja quadro, página 191) e coloque um bico redondo de 1 cm no saco de confeitar. Numa tigela pequena, bata brevemente 2 claras de ovos grandes, para misturá-las, e reserve. Em outra vasilha, com um batedor elétrico portátil, bata 55 g de manteiga sem sal, ⅓ xícara de açúcar e a casca ralada de 1 limão siciliano até obter um creme. Quando estiver fofo, junte rapidamente ½ colher (sopa) das claras de ovo de cada vez, mexendo rapidamente com uma espátula de borracha. Não mexa demais. Mantenha a mistura aerada e fofa.

Então, em grandes polvilhadas, misture de forma delicada e rapidamente ⅓ xícara de farinha de trigo. Transfira a massa para o saco de confeitar e forme biscoitos de 10 cm x 1,5 cm nas assadeiras, deixando um espaço de 7,5 cm entre eles. Leve ao forno, duas assadeiras de cada vez, por 6 a 8 minutos, até que uma borda de 0,3 cm nas laterais de cada biscoito tenham dourado. Retire do forno e, imediatamente, com a ajuda de uma espátula flexível, transfira os biscoitos para uma grade. Eles ficam crocantes à medida que esfriam.

Variações

Copinhos de biscoito. São um charmoso recipiente comestível. Para 8 copinhos com 9 cm de diâmetro. Preaqueça o forno a 220°C e coloque a grelha no centro ou na parte inferior. Unte levemente, por fora, 2 xícaras grandes (ou tigelas, ou vidros que se alarguem na parte de cima) e vire com a boca para baixo. Unte e enfarinhe 2 assadeiras (veja quadro, página 191) e marque quatro círculos de 14 cm, com um espaço de 5 cm entre eles. Prepare a receita anterior de biscoitos e, em uma assadeira de cada vez, pingue 1 colher (sopa) da massa no centro de cada círculo. Com o verso de uma colher, espalhe até ficar com a espessura de 0,15 cm. Asse por cerca de 5 minutos, até que os biscoitos tenham dourado a até 2,5 cm do centro. Coloque a assadeira na porta aberta do forno. Imediatamente, e muito rápido, retire um biscoito de cada vez com uma espátula flexível, coloque sobre uma das xícaras e aperte para tomar forma. Ele vai ficar crocante, quase imediatamente. Repita com o segundo biscoito, transfira o primeiro para uma grade e prossiga rapidamente com o terceiro, e então com o quarto. Feche a porta do forno para que a temperatura volte a 220°C antes de continuar com a segunda assadeira. (Os biscoitos se mantêm por 1 ou 2 dias num recipiente fechado, ou podem ser congelados.)

Sugestões para servir: recheie com sorvete, sorbet, frutas vermelhas frescas ou uma musse doce.

Telhas. Em lugar de retos, esses biscoitos são abaulados, como uma telha. Modele num rolo de abrir massas ou numa garrafa, para obter uma forma curva. Ou envolva no cabo de uma colher de pau, para produzir cilindros, ou em algo com a forma de uma cornucópia, e recheie com uma musse doce de framboesa.

> ### PARA MOER AMÊNDOAS E OUTRAS NOZES.
>
> Moa até ½ xícara de cada vez num liquidificador, usando a tecla pulse, ou até ¾ xícaras no processador de alimentos, juntando sempre pelo menos 1 colher (sopa) de açúcar cristal para evitar que as nozes fiquem oleosas.

Outra fórmula com nozes moídas: *tuiles aux noix – wafers de amêndoas ou avelãs.* Use a mesma receita das línguas de gato, mas misture 1 xícara de avelãs ou amêndoas tostadas e moídas e 2 colheres (sopa) de creme de leite fresco ao creme de manteiga. Então comece a incorporar as claras de ovo e, finalmente, a farinha.

P.S. BISCOITOS DE FERMENTO

Esqueci dos biscoitos de fermento! Não dá para ter um livro de receitas, por menor que seja, sem uma boa receita deles, e você não consegue fazer um bom *shortcake* de morangos sem eles. Antes de enviar as provas deste livro, David Nussbaum e eu trabalhamos nestes biscoitos na cozinha de Judith Jones, em Vermont.

Biscoitos de fermento

Quando a conversa gira em torno de biscoitos eu sempre penso em Leah Chase, *chef* e dona do Dookie Chase's, em Nova Orleans, e na receita que ela assou para nós em um dos programas de TV *Master Chef*. Eram os mais suaves e macios, na verdade os melhores que eu me lembro de ter comido. Esta é nossa interpretação de seu método. O segredo para conseguir biscoitos macios é usar movimentos leves e rápidos para ativar o glúten da farinha o mínimo possível. Em seus famosos biscoitos, os sulistas usam um tipo de farinha de trigo com pouco glúten; para conseguir algo equivalente, use farinha de trigo comum misturada a farinha para bolo, como indicado, anteriormente, aqui.

Para cerca de 12 biscoitos de 7 cm, assados em forno a 220°C. Preaqueça o forno. Use um misturador de massas[7] ou duas facas, uma assadeira forrada de papel-manteiga ou untada e enfarinhada, como descrito na página 191, e um cortador de biscoitos redondo, com 7 cm.

Numa tigela grande, coloque 1 ½ xícara de farinha de trigo e ½ xícara de farinha para bolo, 1 ⅔ colher (sopa) de fermento em pó (veja quadro, página 207), sem grumos, ¾ colher (chá) de sal e 1 colher (sopa) de açúcar. Mexa bem e, com o misturador de massas ou com duas facas, rapidamente corte sobre os ingredientes ¾ xícara de gordura vegetal hidrogenada até que os pedacinhos de gordura se pareçam com pequenas ervilhas. Com uma colher de pau, ou com as mãos, misture rapidamente, em grandes porções, 1 xícara de leite, até obter uma massa meio grudenta – a essa altura, ela não estará lisa.

Transfira para uma superfície de trabalho enfarinhada e, como se estivesse amassando gentilmente, traga a borda de trás em di-

---

[7] Utensílio com lâminas de metal que pode ser encontrado em lojas de artigos para cozinha. (N.T.)

reção à da frente, bata levemente para formar um círculo – polvilhe um pouco de farinha, se necessário –, leve a borda esquerda em direção à direita, a direita em direção à esquerda, e assim por diante, num total de seis movimentos. Finalmente, forme um retângulo razoavelmente liso com 2 cm de espessura.

Faça círculos com o cortador de biscoitos e coloque perto, uns dos outros, na assadeira, mas sem que se toquem. Gentilmente, junte as aparas da massa e dobre novamente, duas ou três vezes, antes de formar um novo retângulo, fazer os círculos e colocá-los na assadeira; continue até terminar a massa. Finalmente, belisque a borda dos biscoitos com os dedos, empurrando levemente para cima. Coloque na parte central ou inferior do forno preaquecido e asse por 15 a 20 minutos, ou até que estejam cozidos e ligeiramente dourados.

Sirva morno ou em temperatura ambiente. (O que sobrar – se é que vai sobrar algum – pode ser congelado; para descongelar, leve diretamente do freezer ao forno a 170°C por alguns minutos.)

> **FERMENTO EM PÓ** numa lata aberta perde sua força depois de cerca de 6 meses, então sempre faça um teste misturando 1 colher (chá) em ½ xícara de água quente. Se não borbulhar de um jeito vibrante, jogue fora. Antes de usar fermento em pó, certifique-se de desfazer qualquer grumo.

Variação

Shortcake de morango. Use 2 colheres (sopa) de açúcar na massa; em vez de cortar em círculos, você pode formar um único "biscoito" retangular com 2,5 cm de espessura. Calcule cerca de 2 xícaras de morangos frescos por porção. Deixe um morango bonito para decorar e corte o restante ao meio ou em quartos;

numa tigela, misture com algumas gotas de suco de limão e uma boa colherada de açúcar para cada 600 g da fruta. Deixe descansar por 10 minutos ou mais, para que a fruta desprenda seu suco. Misture novamente e junte um pouco mais de suco de limão e de açúcar, se necessário. Quando estiver na hora da sobremesa, corte os biscoitos (ou o grande "bolo" de biscoito) ao meio, no sentido horizontal, espalhe colheradas dos morangos e de seu suco sobre a parte de baixo, cubra com a outra metade da massa e coroe com uma porção generosa de creme batido e adoçado (veja quadro, abaixo); decore com o morango reservado e sirva, com orgulho. Pode ser boa ideia servir mais creme batido, à parte.

CREME BATIDO E ADOÇADO.

Para 2 xícaras, bata 1 xícara de creme de leite fresco como indicado no quadro da página 198. Antes de servir, peneire ½ xícara de açúcar de confeiteiro e misture com uma grande espátula de borracha, juntando, se quiser, ½ colher (chá) de extrato puro de baunilha.

Batendo claras em neve até obter picos firmes e brilhantes.

Trabalhando a massa de pão.

Um ganso pronto para decolar.

Um pincel de cabo longo é útil para regar um peru.

Temperando o chocolate derretido.

Orgulhosamente exibindo um bolo pronto.

EQUIPAMENTO DE COZINHA E GLOSSÁRIO

EQUIPAMENTO DE COZINHA

Caçarolas ovais

Caçarolas ovais são mais práticas do que as redondas, já que podem acomodar um frango ou um assado de carne da mesma maneira que um cozido ou uma sopa. Um bom par seria uma caçarola com capacidade para 2 litros, com cerca de 15 cm por 20 cm e 9 cm de altura, e uma para 7 a 8 litros, com cerca de 23 cm por 30 cm e 15 cm de altura.

Assadeiras

As redondas e ovais podem ser usadas para assar frango, pato ou carnes, e servem também para gratinados.

Panelas

Panelas de variados tamanhos são essenciais. Uma que tenha cabo de metal também pode ser levada ao forno.

Frigideira do *chef* e panela para saltear

A frigideira do *chef*, *poêle*, tem laterais inclinadas e é usada para dourar e cozinhar pequenos pedaços de comida, como cogumelos ou fígados de galinha; o cabo longo torna fácil chacoalhar os alimentos, em vez de virá-los com algum talher. Uma panela para saltear, *sautoir*, tem laterais retas e é usada para pequenos bifes, fígado ou escalopes de vitela, ou frango que é primeiro dourado e então cozido na panela tampada.

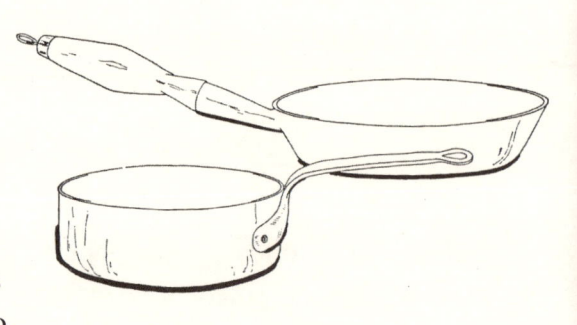

Além do conjunto comum de panelas, assadeiras, descascadores de legumes, colheres e espátulas, eis alguns objetos úteis que tornam mais fácil o ato de cozinhar:

Facas e amolador

Uma faca precisa ser tão afiada quanto uma lâmina, ou vai esmagar e machucar a comida, em lugar de picar ou cortar. Pode ser considerada afiada quando apenas o seu peso, apoiado e deslizado sobre um tomate, faça um corte na pele. Nenhuma faca mantém o fio por muito tempo. Mas precisa dele, e rápido. O aço comum (do tipo que enferruja) é o mais fácil de amolar, mas a descoloração é um problema chato. Boas facas de aço inoxidável estão à venda em lojas de utensílios para cozinha e de cutelaria, e provavelmente a melhor maneira de testar sua qualidade é comprar uma faca pequena e usá-la. As facas francesas, mostradas na ilustração, têm o formato mais útil para atividades gerais, como cortar, esmagar e aparar. Se você não encontrar boas facas, consulte seu açougueiro ou um *chef* profissional.

Facas precisam ser lavadas em separado, à mão, assim que você terminar de usá-las. Lâminas embaciadas podem ser limpas facilmente com palha de aço e sapólio em pó. Um jeito prático de manter as facas sempre por perto, e afastá-las de outros objetos que poderiam amassar a lâmina, é prendê-las a um ímã magnético fixado na parede

Espátulas de madeira e borracha

Uma espátula de madeira é mais prática para mexer do que uma colher de pau; sua superfície lisa trabalha melhor nas laterais de uma panela ou vasilha. Você, geralmente, encontra espátulas de madeira em lojas especializadas em produtos importados. A espátula de silicone, que pode ser comprada em quase qualquer lugar, é indispensável para raspar molhos de vasilhas e panelas, misturar, mexer e espalhar.

Batedores de arame

Batedores de arame são maravilhosos para bater ovos, molhos, sopa em lata e para misturas em geral. São mais práticos do que os batedores de ovo porque, com eles, você usa apenas uma das mãos. Há desde os minúsculos até os gigantes, e as melhores seleções estão nas lojas que vendem objetos para restaurantes. Você deve ter diversos tamanhos, incluindo o "balão", para bater claras em neve (veja a ilustração).

Seringa de cozinha e tesoura trinchante para aves

A seringa é particularmente boa para regar carnes ou legumes em uma caçarola, e para regar e desengordurar assados. Alguns modelos de plástico não resistem à gordura muito quente; tubos de metal são geralmente mais satisfatórios. Tesouras trinchantes são de grande ajuda para cortar aves grelhadas e fritas; o aço comum é mais prático do que o inoxidável, já que permite uma afiação melhor.

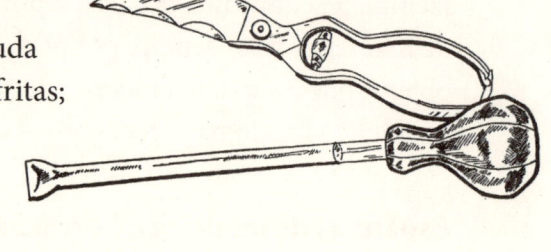

Passa verduras e espremedor de alho

Duas maravilhosas invenções: passa verduras e espremedor de alho. O passa verduras transforma em purê sopas, molhos, legumes, frutas, peixe cru ou misturas para musse. O melhor modelo tem três discos removíveis com cerca de 14 cm de diâmetro, um para purês ralos, outro para médios e o terceiro para mais densos. O espremedor serve para dentes inteiros de alho, com casca, e pedaços de cebola.

O processador de alimentos

Essa máquina maravilhosa chegou às nossas cozinhas em meados dos anos 1970. O processador revolucionou a culinária, transformando alguns pratos mais complicados da alta gastronomia em brincadeira de criança — temos musses em minutos. Além de rapidamente fatiar, picar e moer, entre outras ações, ele prepara uma boa massa para tortas, maionese e várias massas com fermento. Nenhum cozinheiro sério pode abrir mão de um processador de alimentos, principalmente porque modelos respeitáveis podem ser comprados por quantias razoáveis.

Pilão (almofariz)

Pequenos pilões de madeira ou porcelana são úteis para moer ervas, nozes e afins. Os maiores, de mármore, são usados para frutos do mar, carne temperada e assim por diante. Liquidificador, moedor de carne e passa verduras muitas vezes substituem o pilão.

Batedeira profissional

1. Batedor de claras

2. Gancho para massas

3. Batedor para massas pesadas, carne moída etc.

Uma boa batedeira elétrica torna fácil trabalhar com misturas pesadas de carne, massas para bolos de frutas e massas com fermento — e permite bater maravilhosas claras em neve sem esforço. Seu batedor eficiente não só gira em torno de si mesmo como também circula por toda a vasilha, desenhada para esse fim, e mantém os ovos o tempo todo em movimento. Outros acessórios úteis incluem um moedor de carne com funil para rechear salsichas e uma abertura para água quente, abaixo da vasilha de aço inoxidável. É caro, mas muito resistente e uma ajuda para a vida inteira de quem cozinha muito.

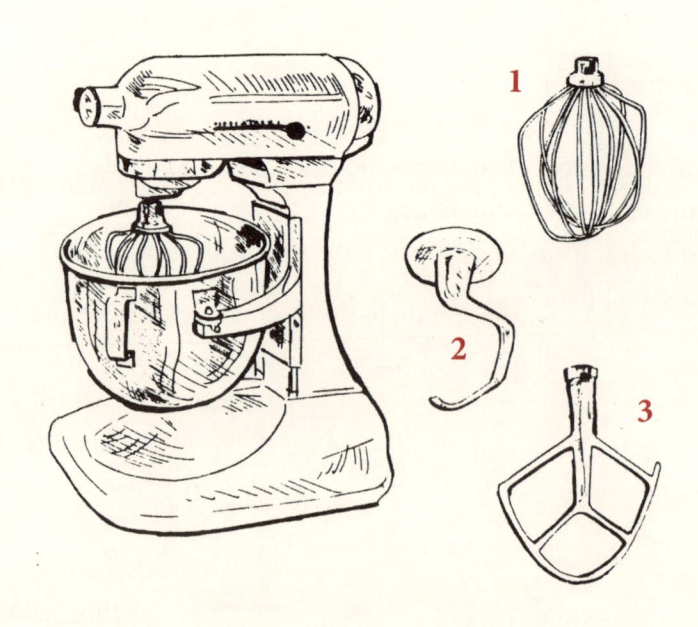

GLOSSÁRIO

Bater, *fouetter:* Misturar alimentos ou líquidos completa e vigorosamente com uma colher, garfo, batedor de arame ou batedeira elétrica. Quando bater, treine para usar os músculos do antebraço e do pulso; se usar os ombros, você vai se cansar com facilidade.

Branquear, *blanchir:* Imergir alimentos em água quente e ferver até que tenham ficado macios, murchos, parcial ou completamente cozidos. Alimentos também são branqueados para remover algum sabor muito forte, no caso de repolho e cebolas, ou o defumado salgado do bacon.

Brasear, *brasier:* Dourar alimentos em gordura e depois cozinhá-los numa panela tampada com um pouco de líquido.

Chacoalhar, *faire sauter:* Em vez de virar o alimento com uma colher ou espátula, você pode chacoalhar a panela para movê-lo. O exemplo clássico é chacoalhar uma panqueca para que ela se vire no ar. Mas essa também é uma técnica útil para cozinhar legumes, já que assim eles ficam menos machucados. Se estiver usando uma caçarola tampada, segure-a com as duas mãos, polegares apoiados na tampa. Chacoalhe a panela com um movimento circular, para cima e para baixo. Seu conteúdo vai se mover e trocar de posição. Com uma panela destampada, use o mesmo movimento, segurando o cabo com as duas mãos, polegares do lado de cima. Com uma frigideira, use movimentos deslizantes para frente e para trás. Dê um pequeno tranco para cima enquanto traz a frigideira em sua direção.

Cobrir uma colher, *napper la cuillère:* Termo usado para indicar a consistência de um molho, e esse parece ser o melhor jeito de descrevê-lo. Uma colher mergulhada e retirada de uma sopa cremosa estará coberta por uma fina camada do líquido. Mergulhada num molho destinado a cobrir algum alimento, sairá com uma camada mais grossa.

Cortar em cubos, *couper en dés:* Cortar os alimentos em cubos do tamanho de um dado, geralmente com cerca de 0,3 cm.

Deglaçar, *déglacer:* Após uma carne ser assada ou salteada, e a panela desengordurada, um líquido é adicionado à vasilha e todos os saborosos sucos coagulados do cozimento são raspados enquanto a mistura ferve. É um passo importante no preparo de todos os molhos para carne, do mais simples ao mais elaborado, porque deglaçar torna-se parte do molho, incorporando a ele o sabor da carne. Dessa forma, molho e carne são acompanhamentos lógicos um para o outro.

Desengordurar, *dégrassier:* Remover a gordura acumulada na superfície de líquidos quentes.

Molhos, sopas e caldos

Para remover a gordura acumulada na superfície de um molho, sopa ou caldo que está fervendo, use uma colher de cabo longo e arraste-a por cima do líquido, retirando uma fina camada de gordura. Neste ponto, não é preciso remover tudo.

Quando o cozimento terminar, retire toda a gordura. Se o líquido ainda estiver quente, deixe descansar por 5 minutos, para que ela suba à superfície. Então remova com uma colher, inclinando a panela para que a maior parte da gordura se deposite em um dos lados e, assim, possa ser retirada com mais facilidade. Quando tirar a maior quantidade que conseguir — nunca é um processo rápido —, estenda folhas de papel toalha na superfície do líquido até que as últimas partículas de gordura flutuante tenham sido absorvidas. É mais fácil, claro, refrigerar o líquido, porque assim a gordura se acumula por cima e pode então ser raspada.

Assados

Para desengordurar uma assadeira onde a carne ainda está sendo cozida, incline e retire a gordura dos cantos. Use uma seringa de cozinha ou uma colher grande. Nunca é preciso retirar toda a gordura a esse ponto, apenas o excesso. Esse processo deve ser rápido, para que o forno não esfrie. Se você demorar muito, calcule uns minutos extras no tempo total de cozimento.

Depois de retirar o assado do forno, incline a assadeira e, com uma colher ou seringa de cozinha, remova a gordura que se acumula nos cantos — mas deixe os sucos dourados do cozimento, que farão parte do molho. Geralmente, 1 ou 2 colheres (sopa) de gordura é deixada na assadeira para dar corpo e sabor ao molho.

Outro método — e pode ser útil caso você tenha muito suco — é espalhar cubos de gelo numa peneira forrada com 2 ou 3 gazes grossas, úmidas, e então colocá-la sobre uma panela. Despeje a gordura e o suco do cozimento sobre os cubos de gelo; eles vão juntar a maior parte da gordura. Como algum gelo pode derreter e escorrer para a panela, ferva rapidamente o líquido desengordurado para concentrar seu sabor.

Caçarolas

Com ensopados, cozidos e outros alimentos preparados numa caçarola, incline a panela e a gordura vai se acumular num dos lados. Tire com uma colher ou com a seringa. Ou passe todo o líquido para uma outra panela: tampe a caçarola com folga e segure-a com as duas mãos, enquanto os dedões mantêm a tampa no lugar, à medida que despeja o líquido. Desengordure o molho na panela e transfira de volta para a caçarola. Ou use um decantador de gordura, no qual você coloca o líquido quente, espera a gordura subir à superfície e retira o molho claro pelo bico de baixo; pare quando a gordura aparecer no bico.

Escaldar, *pocher:* Cozinhar alimentos submergidos em um líquido que esteja fervendo, lentamente.

Ferver, *boullir:* Tecnicamente, um líquido está no ponto de fervura quando borbulha, em movimento. Na prática, há fervuras lentas, médias e rápidas. Ferver lentamente, quando o líquido mal se mexe, é chamado *mijoter*. Uma ebulição mais fraca ainda, sem bolhas e com movimento mínimo na superfície do líquido, *frémir*, é usada para cozinhar peixe e outros alimentos delicados.

Gratinar, *gratiné:* Dourar o topo de um alimento envolvido em molho, geralmente sob um broiler quente. Polvilhar migalhas de pão ou queijo ralado, assim como montinhos de manteiga, ajuda a formar uma cobertura dourada (*gratin*) sobre o molho.

Incorporar, *incorporer:* Misturar preparados frágeis, como claras de ovos batidas, em massas mais pesadas, como a base para suflê. O procedimento está descrito no capítulo sobre bolos, nas páginas 193 e 196. Também significa misturar, delicadamente, sem quebrar ou esmagar, como incorporar corações de alcachofra cozida num molho.

Macerar, *macérer;* marinar, *mariner:* Colocar os alimentos em um líquido para que eles absorvam o sabor ou se tornem mais macios. Macerar é um termo geralmente reservado para frutas, como cerejas maceradas em açúcar e álcool. Marinar é usado para carnes, bife marinado em vinho tinto. Uma marinada pode ser uma conserva, uma salmoura ou uma mistura de vinho ou vinagre com óleo e temperos.

Misturar, *mélanger:* Agregar os alimentos de um jeito menos vigoroso do que "bater", geralmente com um garfo, colher ou espátula.

Picar, *hacher:* Cortar alimentos em pedaços bem pequenos.

Reduzir, *réduire:* Ferver um líquido para reduzi-lo em quantidade e concentrar seu sabor. É um passo importante no preparo de molhos.

Reduzir a purê, *réduire en purée:* Transformar alimentos sólidos em uma pasta, como em purês de maçã ou batata. Pode ser feito num pilão, moedor de carne, passa verduras, liquidificador, ou passando a comida por uma peneira.

Refogar, *étuver:* Cozinhar verduras e legumes em manteiga ou óleo, acentuando seu sabor.

Refrescar, *rafraîchir:* Mergulhar alimentos quentes em água gelada para esfriá-los rapidamente e interromper o processo de cozimento, ou para lavá-los.

Saltear, *sauter:* Cozinhar e dourar os alimentos numa quantidade pequena de gordura bem quente, geralmente em uma frigideira destampada. Você pode saltear a comida simplesmente para dourá-la, como faz com a carne para um ensopado. Ou pode saltear até cozinhar totalmente, como faz com fatias de fígado. Saltear é uma das técnicas básicas mais importantes na culinária, e pode não dar certo se um dos seguintes pontos não for observado:

   1. A gordura precisa estar muito quente, quase soltando fumaça, antes do alimento ser adicionado à panela; de outro modo, os sucos não selam dentro da comida e ela não fica dourada. Para saltear podem ser usados gordura, óleo ou manteiga e óleo. Man-

teiga pura não pode ser aquecida até a temperatura necessária sem queimar, portanto precisa estar fortificada com óleo ou ser clarificada — livre dos resíduos de leite, como descrito na página 75.

2. O alimento precisa estar absolutamente seco. Se estiver úmido, uma camada de vapor se desenvolve entre a comida e a gordura, impedindo que ela doure e fique selada.

3. A panela não pode estar lotada. É preciso deixar espaço de ar suficiente entre cada pedaço de comida, ou ele vai cozinhar em lugar de dourar e os sucos podem escapar e queimar.

Umedecer, *arroser:* Regar os alimentos com manteiga derretida, gordura ou líquidos.

ÍNDICE

Abóbora-menina 61

Abóbora-menina assada 64

Abobrinha cremosa 68

Abobrinha gratinada 66

Abobrinha gratinada com queijo 68

Abobrinha ralada salteada 68

Acelga 56

Aïoli 23

Alcachofras 58

Alface *frisée* com bacon e ovos *poché* 42

Alho 72

Alho-poró 16

Alho-poró braseado 70

Anchovas 44

Arroz branco simples 77

Arroz braseado – risoto (estilo francês) 77

Arroz selvagem braseado 78

Aspargos 55

Assado de contrafilé bovino 101

Assado de filé *mignon* 101

Assados de panela 117

Assando 99

Bacon e toucinho branqueados 119

Baguetes pequenas 167

Batata frita 76

Batatas 71

Batatas Anna 74

Batatas cozidas em fatias 73

Batatas gratinadas (*Gratin Dauphinois*) 74

Batatas gratinadas *savoyarde* 74

Batatas inteiras no vapor 73

Batatas salteadas em cubinhos 75

Beef bourguignon – Carne com molho de vinho tinto 117

Berinjela 59

Beterraba ralada e salteada 68

Beterrabas na panela de pressão 53

Bifes de carne salteados 82

Biscoitos de fermento 206

Bisnaguinhas 168

Blanquette de vitela 115

Bolo com recheio de chocolate 191

Bolo de amêndoas – *Pain de Genes* 193

Bolo de carne 105

Bolo de carne bovina e suína 106

Bolo de chocolate e amêndoas – *La reine de Saba* 195

Bolo de nozes – *Le Brantôme* 194

Bolos de merengue e nozes em camadas – *Dacquoise* 197

Bolos e biscoitos 188

Bonne femme – cebola, batata e cogumelo 90

Branqueamento/cozimento de legumes verdes 55

Brochettes de cordeiro 95

Brócolis 56

Brócolis ou couve-de-bruxelas (gratinados) 66

Buque de ervas 115

Calda – para dar sabor e umedecer bolos em camadas 198

Calda de damasco 202

Calda de groselha vermelha 202

Caldas de açúcar 199

Caldas de frutas para bolos e tortas 202

Caldo básico de carne 18

Caldo de peixe 19

Caldo de peru, vitela ou porco 17

Caldo de presunto 17

Caldo dourado de frango, peru ou pato 18

Caldo escocês 23

Caldo escuro de vitela, porco ou cordeiro 19

Caldo leve de frango 17

Camarão com limão e alho 84

Caramelo 199

Carne assada: tamanhos e tempos aproximados de forno 101

Carnes, aves e peixes 80

Cebolas brancas, pequenas 62

Cenoura, mandioquinha e nabo 63

Chapéus de cogumelos cozidos 67

Charlotte de maçã 171

Chocolate – derretendo 202

Chowder de frango 31

Chowder de milho 31

Chowder de peixe 31

Chowder de vôngoles da Nova Inglaterra 30

Chowders 29

Clara de ovos perfeitas 196

Cobertura de alho, ervas e mostarda 104

Cobertura de chocolate 201

Cogumelos *duxelles* 67

Cogumelos salteados 67

Cole Slaw 50

Condimentados 86

Conservar o molho de salada 40

Conservar sopas e molhos cremosos 25

Copinhos de biscoito 204

Coq au vin – frango em vinho tinto 119

Costela de cordeiro 104

Costeletas de porco 88

Costeletas grossas de vitela 88

Couve-de-bruxelas 57

Couve-flor 60

Couve-flor gratinada 66

Cozido de cordeiro 120

Crème anglaise – molho clássico 156

Creme batido e adoçado 208

Creme de confeiteiro – *crème patissière* 158

Creme de leite batido 198

Crème fraîche – creme azedo francês 25

Cremes para molhos e recheios de sobremesas 155

Crepes 174

Crepes com manteiga de laranja e amêndoas 179

Crepes de morango 176

Crepes em camadas: *gateaux* salgados e doces 176

Crepes *Suzette* 178

Crepes: outros recheios 177

Cupcakes 192

Cupcakes de amêndoas 194

Dacquoise de chocolate e avelãs 197

Dentes de alho braseados 72

Dentes de alho braseados em creme de leite 73

Endívias braseadas 70

Ensopados 113

Equipamento necessário para assar pão baguete 165

Ervas da Provença – *Herbes de Provence* 91

Ervilhas 63

Escalopes de vitela 84

Espinafre 57

Fatias de berinjela assada e "pizza" de berinjela 65

Feijão na panela 78

Fermento 162

Fermento em pó 207

Fígado de vitela com cebola 87

Filé de costela assado 100

Filés de linguado *meunière* 87

Filés de peixe 95

Filés de peixe ensopados em vinho branco 121

Filés de salmão ensopados 123

Flan de canela – pudim de pão 173

Flans doces 153

Flans Salgados 150

Fondue de tomate – guarnição 65

Fraldinha grelhada 96

Frango aberto grelhado 91

Frango aberto grelhado e assado 93

Frango assado 107

Frango salteado em vinho branco 89

Fricassê de frango 120

Galeto apimentado 94

Galeto assado 108

Galette de batatas 76

Ganache de chocolate 201

Ganso cozido e assado 111

Gâteau de sobremesa com crepes à *la Normande* 177

Geleia de cebola dourada 69

Génoise 189

Glacê real 203

Grelhando 91

Hambúrgueres 85

Hambúrgueres grelhados 97

Ilha flutuante 157

Lagosta ao vapor 124

Lagosta, camarão ou caranguejo cremosos 134

Legumes aromáticos – *Mirepoix* 70

Legumes braseados 69

Legumes cozidos no vapor 58

Legumes salteados 66

Línguas de gato – biscoitos de açúcar 203

Lombo de porco aberto, assado e grelhado 98

Lombo de porco assado 104

Maionese feita no processador 48

Manteiga clarificada 75

Manteiga de conhaque 201

Manteiga temperada – para carnes grelhadas, peixe e frango 99

Marinada de ervas e limão para cordeiro ou carne de vaca 96

Marinada seca para porco, ganso e pato 98

Massa básica para pães 161

Massa doce para tortas de sobremesa 181

Massa para tortas – *pâte brisée* 180

Merengue italiano 200

Migalhas de pão fresco 94

Miúdos – fígado, moela e pescoço 108

Molho *béarnaise* 35

Molho bechamel 32

Molho de alho 41

Molho de manteiga escura – *beurre noir* 140

Molho de miúdos 110

Molho de tomate fresco 65

Molho holandês 33

Molho para cordeiro 102

Molho *velouté* 33

Molho vermelho de alho – *Rouille* 23

Molho vinagrete básico 39

Morangos e creme de confeiteiro 186

Musse clássica de chocolate 159

Nabo e cenoura (salteados) 69

Óleos e vinagres para salada 39

Omelete – frigideira 133

Omelete com ervas finas 133

Omelete francesa 131

Omeletes recheadas 133

Ossobuco 121

Ovos 130

Ovos assados 138

Ovos assados a *beurre noir* – com molho de manteiga escura 139

Ovos assados com creme 139

Ovos assados em ramequins 140

Ovos assados gratinados com queijo 139

Ovos Benedict 138

Ovos cozidos duros 141

Ovos cozidos picados – salada mimosa 41

Ovos mexidos 135

Ovos *poché* 136

Ovos recheados assados 143

Ovos recheados gratinados, *Chimay* 143

Pães 161

Panqueca de batatas 76

Panquecas de espinafre e cogumelos 175

Panquecas salgadas e doces 175

Pão branco para sanduíche – *pain de mie* 170

Patê francês campestre 106

Pato cozido e assado 110

Peito de faisão, pato, frango ou peru servidos como salada 45

Peito de frango desossado 84

Peixe assado inteiro 112

Peixes e frutos do mar – ensopados e no vapor 121

Pernil de cordeiro aberto 97

Pernil de cordeiro assado 101

Peru aberto grelhado e assado 93

Peru assado 108

Pipérade – Pimentões e cebolas salteados 68

Pipérade de frango 90

Pizza 169

Ponto de fio 199

Pot-au-feu 113

Presunto defumado assado 105

Presunto fresco assado (pernil de presunto) 105

Purê de batatas 71

Purê de batatas com alho 72

Quiche de cebola e linguiça 184

Quiche de espinafre 184

Quiche de frutos do mar 184

Quiche de queijo e bacon 184

Quiche Lorraine 183

Recheio de creme de merengue 200

Recheio de damasco 201

Recheio de merengue amanteigado 200

Recheio de merengue de chocolate 200

Recheios e coberturas 199

Repolho em cunhas 60

Repolho roxo agridoce 71

Rocambole 192

Rocambole de damasco 192

Salada de aipo-rábano com molho *rémoulade* 52

Salada de alface *frisée* com bacon e ovos *poché* 42

Salada de batata estilo americano 48

Salada de batata francesa 48

Salada de beterraba em fatias 52

Salada de beterraba ralada 52

Salada de carne fria 44

Salada de frango 46

Salada de lagosta, caranguejo ou camarão 47

Salada de macarrão 47

Salada de pepino 53

Salada de peru 47

Salada morna de batata com linguiça 48

Salada morna de coxas de pato 42

Salada Niçoise 42

Salada síria de cordeiro 45

Salada verde mista 38

Salmão inteiro no vapor 123

Salsão braseado 69

Salteando 81

Sauté de filé *mignon* 89

Sauté de lombinho suíno 89

Shortcake de morango 207

Sopa batida 17

Sopa creme de aspargos 26

Sopa creme de batata e alho-poró 16

Sopa creme de brócolis 26

Sopa creme de cenouras 26

Sopa creme de cogumelos 24

Sopa creme de frango com legumes 29

Sopa creme de pepino 28

Sopa de agrião 16

Sopa de batata e alho-poró 15

Sopa de carne com legumes 21

Sopa de cebola à francesa 21

Sopa de cebola e batata 16

Sopa de cebola gratinada 21

Sopa de frango com legumes 20

Sopa do dia 16

Sopa mediterrânea de peixe 22

Sopa *soubise* de nabo 27

Sopas frias, como *vichyssoise* 16

Stinco de cordeiro 121

Suflê de baunilha 148

Suflê de chocolate 150

Suflê de frutos do mar 146

Suflê de laranja Grand Marnier 150

Suflê de legumes 146

Suflê de queijo 144

Suflê de salmão e outros peixes 146

Suflê no prato 147

Suflê *roulade* – o suflê enrolado 147

Suflê Vendôme 138

Suflês 143

Suflês doces 148

Tapénade 143

Timbale de milho fresco – creme de milho 153

Timbales individuais de brócolis 151

Tomates à provençal 64

Torre de crepes com lagosta, brócolis e cogumelos 176

Torta de maçã 185

Torta de maçã retangular 185

Torta de morangos frescos 186

Torta de pera 186

Torta invertida de maçã – *Tarte Tatin* 186

Tortas 179

Truta e cavalinhas pequenas 112

Vagens 57

Verduras 37

Vieiras com alho e ervas 85

Vieiras ensopadas em vinho branco 122

Vôngoles 31

Zabaione 158

Conheça outros títulos da editora em:
www.editoraseoman.com.br